정의사회, 교육혁명을 외치는 老作家의 목소리

행복의 여백

늘샘 변 상 호 수상집

오늘의문학사

국립중앙도서관 출판예정도서목록(CIP)

행복의 여백 : 늘샘 변상호 수상집 / 지은이: 변상호. --
대전 : 오늘의문학사, 2018
p. ; cm

대전문화재단과 대전광역시에서 사업비 일부를 지원 발간되었음
ISBN 978-89-5669-894-6 03810 : ₩15000

개인 문집[個人文集]
한국 현대 문학[韓國現代文學]

810.81-KDC6
895.708-DDC23 CIP2018003096

행복의 여백

■ 책머리글

동반자로 함께 삽시다.

어린시절의 벗들은 만날 수 없으나, 사범학교 동문들, 60년대부터 만난 師友들과 文友들을 자주 만나니 행복합니다.

노래교실, 체육교실, 시민대학에서 만난 同好人들이 같이 노래하고 춤추고 시낭송, 토론, 얘기하니 더욱 행복합니다.

행복은 찾아가야 만납니다.

한밭대학에서 수통골문학회, 시민대학에서 시삶문학회, 인문연구소에서 人生文學會, 대전사범총동문회에서 한국교육가족연합회, 文友들과 창의예술총연합회를 창립하고, 文友들과 출판기념회, 콘서트, 시낭송극, 공연도 하니 살맛납니다.

그동안 여러 곳에 발표했던 글을 한데 모아 수상집 『행복의 여백』을 출간, 늦게나마 文友들과 나눌 수 있어 행복합니다.

저를 보고 '영원한 소년, 동극작가', '동심 속에 살아온 작가'라고 합니다. 그러나 열정만은 청춘이라 좋은 일, 재미있는 일 함께 하고 좋은 글도 써서 이웃과 국민, 자연과 인류를 위해 바른 말을 하고, 소중한 만남, 동반자 되어 여유 있게 영원까지 함께 가고 싶습니다.

2018년 1월 31일

늘샘 변 상 호

목 차

책머리글 | 동반자로 함께 삽시다 4

제1부_ 知樂이 행복

행복의 산실 10
최상의 행복 17
국제예술과학도시를 향하여 22
100세 시대의 건강법 24
한마음촌 이야기 29
충청사랑연합의 길 34
사회개혁의 길 39
순리치유법 창안자의 삶 47
외솔사상 나라사랑의 길 찾기 52
국민의 행복 60
논개의 혼불 64
빗나간 모정 68
한글, 한류 타고 세계로 71
소중한 삶, 좋은 세상 74
백 원짜리 행복 77
노근리 81
영원한 미래를 위하여 83
어느 멋진 성탄 선물 86

목 차

제2부_ 창의예술과학

창의예술로 교육혁명 90
글짓기와 함께 한 삶 93
새길 찾은 제자들 102
내일을 위하여 105
제주의 먼 훗날 109
암의 순리치유 114
성인의 꿈 119
함께하는 삶 122
행복한 나라 함께 만들기 128
대전 100주년과 KTX 131
새로운 예술을 꿈꾸며 135
아름답고 행복한 시민 되기 운동 140
행복전도사 143
스승 찾기와 인간 사랑운동 149
건강을 위하여 156
세상을 바꾸는 문학운동 159
문학예술 교류회와 비상 162

제3부_ 한국교육가족

과학과 예술의 만남 166
새로운 孝문화 168
평화사랑의 길 171
아빠와 대화 174
영원한 스승 181
그대들이 자랑스럽다 185
한국교육가족연합회의 사명 189
창의예술연구원 191
창의예술인의 사명 193

목 차

제4부_ 아동극본

아동극본 | 갈 수 없는 나라 196
아동극본 | 나무 204
아동극본 | 행복한 우리들 207
시낭송극 | 하늘에 닿은 논개의 절개 215

제5부_ 변상호의 작품세계

박순길 | 아이들이 찾는 정의의 세계 '갈 수 없는 나라'를 중심으로 218
김영훈 | 영원한 소년, 변상호 동극 작가의 삶과 문학 229

제1부

—

知樂이 행복

행복의 산실

나는 일찍 일어난다. 새벽 2, 3시가 되어 눈을 뜨면 마루방으로 나와 4개의 신문을 읽으며 한 번 더 보고 싶은 기사, 좋은 글은 스크랩한다.

스크랩이 쌓이고 쌓여 방안 가득한데, 다양한 정보, 많은 지성인의 삶과 정의와 부정을 함께 볼 수 있는 보물창고와 같다.

나는 중 · 고교 시절 하교할 때 언제나 신문사 게시판에 붙어 있는 신문을 4면까지 모두 읽고야 집으로 오곤 했을 만큼 신문을 좋아했다.

그래서 교직에 근무한 33년 동안 문예교사로서 학교신문을 어느 곳에 가서라도 냈고, 지금도 충청교육신문사에 자주 나간다. 나는 신문을 보거나 글을 쓰거나 식사할 때도 언제나 라디오를 켜고 음악을 많이 듣는다. 빠른 템포의 음악이 나오면 리듬에 맞춰 율동을 한다. 음악과 율동이야말로 하늘이 주신 가장 소중한 기쁨의 선물이라고 생각한다.

우리가정은 행복의 산실이다. 희로애락이 집에서 이루어진다.
아내 최상예, 아들 변규환, 딸 변선미와 함께

6시가 되면 문창다리 밑에서 이 선물을 받는다. 여성 이십여 명과 남성은 나 혼자서 강사의 지도로 생활체조를 배우는데, 세월 가는 줄 모르게 신명이 난다. 모두 청소년들이 좋아하는 빠른 템포의 노래에 맞춰 흔들고 돌리다 보면 저절로 흥이 나서 노래도 따라 부르고, 손뼉도 저절로 치게 된다. 우리 몸은 손목, 발, 엉덩이 모두를 흔들어 달라고 요구한다고 느낀다. 중국인들이 새벽마다 공원에 나와 느린 동작의 춤을 추듯이, 우리나라 국민들도 새벽마다 생활체조를 한다면 100세까지 모두 살 수 있고, 건강보험공단도 적자는 면할 줄 믿는다.

나는 너무 좋아서 하상도로를 지나는 남녀들에게 “구경 좀 하고 가세요." "1~2분만 보고 가세요." "아주 재밌어요." 되풀이 말하여 유인하면 더러 같이 율동을 하기도 하지만 가뭄에 콩 나듯 드물다. 나는 지인을 만날 때마다 가장 중요한 생활체조와 노래 부르고 듣기를 생활화하고, 꼭 나오라고 신신당부하였더니 서너 명은 나왔으나 대부분 긍정적이나 나오진 않는다.

나는 화 · 수 · 목요일에 석교동 · 효동 · 보문 노인사회복지관 노래교실에 나가는데 어느 곳이든 여성 천국이고 남성은 한 둘, 많아야 서너 명이라, 나는 환영 받지만 씁쓸하다.

보문복지관은 웅장한 건물에 프로그램도 20가지가 넘게 다양하기에 노래교실과 함께 무엇이든지 배울 수 있어 더욱 좋다.

대전시민대학에도 여러 프로그램이 있어 좋다. 그곳에 가서 세 강좌를 듣는다. 희로애락이 있는 노래교실이야말로 근심 걱정 모든 스트레스를 풀어버릴 소중한 배움터이다. "어쩌면 가사도 저렇게 기막히게 잘 썼을까? 곡은 왜 이렇게 맘에 쏙 들지?" 우리 맘을 한없이 울게도 하고 기쁘게도 하는 음악은 고맙다.

나는 사범학교 시절 풍금도 배우고 합창단 활동도 했으며, 퇴직 후 금빛평생교육봉사단에서 전통문화팀으로 풍물도 가르쳤고, 늘푸른예술단을 창단하여 100여회 공연도 했다. 일본까지 가서 친선 문화 교류도 하고 에어로빅, 댄스스포츠, 합창단은 전국대회에서 대상, 금상, 은상까지 받았어도 그때는 노래가 이렇게 좋은 줄 정말 몰랐었다.

지난 해 가을 내가 80세일 때, 처음으로 노래교실에 갔는데 두 번 가서 소리소리 지르며 율동을 신나게 했더니 고질병인 우울증과 불면증, 수전증이 싹 나았으니 얼마나 신기하고 감사한지 모른다.

나는 언제나 배움터 맨 뒤에 혼자 서서 흔들며 무대에서 독창하는 자세로 노래를 한다. 언제나 주인공이고 가수인 셈이다. 강사에게도 양해를 구했더니 원래 노래는 서서 하는 것이니 괜찮다고 하였다.

이렇게 신날 수가, 이렇게 흥겨운 게 뭐가 있을까? 율동하며 노래하는 것만큼 행복한 순간은 없다.

건강하게 100세까지 장수할 자신감도 생기고, 항상 기분이 좋고 무슨 일을 하든지 잘되는 것도 언제나 마음이 편하고 즐겁기 때문인 것 같다.

나는 생활체조하기 1시간 전에 자전거를 타고 하상도로 자전거 길을 달린다. 대전천 맑은 물, 헤엄치는 오리떼를 바라보며 산내에서 목척교까지 달리는 맛, 신선한 공기, 푸른 하늘, 초록빛 산들이 모두 날 환영한다는 착각 속에서 신나게 달린다.

하상도로 옆에 세워진 철봉, 평행봉 등 운동시설에서 백번, 이백 번 세면서 또는 엠피쓰리(MP3)에서 흘러나오는 노래를 듣거나 따라 부르며 운동하는 것도 행복하고 신명이 저절로 난다.

또 친구들, 대전사범 8회 동창생 30여 명과 같이 오순도순 얘기하며 이번 주 금요일엔 보문산 둘레길, 다음 주는 계족산, 그 다음 주는 식장산, 장안봉, 금수봉까지 땀 뻘뻘 흘리며 가는 등산이 이렇게 좋은 줄 몰랐다. 나는 몇 달 전부터 참여하여 힘든데, 18년 동안 계속한 친구들은 훨훨 나는 것처럼 속보다.

'아, 난 왜 이렇게 좋은 등산의 맛을 몰랐을까?'

'경치 좋고 공기 좋은 산을 자주 찾는다면, 건강과 행복은 저절로 올 것 같구나.'

대청호 푸른 물결을 바라보는 둘레길, 상소동 산림욕장, 뿌리공원, 황톳길 계족산성, 유림공원과 한밭수목원 등 좋은 곳을 가족과 함께 갈 수 있어 행복하다.

서울에서 대전으로 이사 온 아들의 차를 타고 넷이 다니는 여행, 관광을 맛볼 줄은 꿈에도 몰랐었다. 지난 봄 마루에서 넘어지더니 뜻밖에 아내가 '저게 누구야?' '아들이야?' '이름이 뭐야' 엉뚱한 소릴 하기에 깜짝 놀라 중풍 아니면 치매 같다고 대학병원 응급실로 영상전문의원으로 쫓아다니며 사진 찍고, 약 먹고 주사 맞았더니 며칠 지나 정상으로 돌아왔다.

'행복 끝, 불행 시작'인 줄 알았더니 천만다행으로 며칠간 허둥지둥하다가 제자리 찾았으니, 앞으로 아내에게 순종하고 청소, 설거지, 빨래 등 뭐든지 정성껏 의무처럼 열심히 하는데, 이것도 고맙고 즐겁기만 하다. 일하는 기쁨이 이런 줄은 몰랐었다.

나는 아침저녁으로 손바닥만한 텃밭에 상추, 아욱, 근대, 토마토, 고추, 가지를 심고, 80여개의 크고 작은 화분에 접시꽃 등 네 가지 꽃씨를 심고 가꾼다. 퇴비를 주고 아침저녁으로 물을 주면, 나날이 자라는 모습이 그렇게 좋을 수 없다. 나는 우리집을 꽃동산으로 만드는 꿈을 차근차근 실천하며 기쁨을 음미하고 있다. 나는 한밭공설운동장 근처와 대전역에서 구 도청까지 가로등마다, 또 그 아래에 대형 화분에서 피는 갖가지 꽃을 보면서 참 좋다는 웃음이 절로 나온다.

대전도시공사의 프랑카드에 '원도심 꽃 특화 거리 조성'이라고 쓰여 있으니 그 공사가 고맙다. 대전은 다 좋은데 집집마다, 직장마다, 학교마다, 공원마다 꽃핀 곳이 아주 드물어 꽃가꾸기 운동을 펼치고 싶다.

노래교실에서 만난 친구, 스스로 트위스트 신이라고 부르는 친구와 나는 가까운 사이가 되어 가끔 신명나게 노래교실에서 춤을 춘다. 여성들은 그를 영국신사라 한다. 언제나 깨끗한 정장을 하고 모자를 쓰기 때문인데, 나는 그의 집을 몇 번 갔었다. 주상복합아파트 방 한 칸에 350개 화분이 있고 꽃들이 만발한 게 천국에 온 느낌이었다. '아, 나도 이렇게 꽃을 길러 봐야지' 나는 해마다 환경사랑 청소년 문예사생대회를 열어 대전사랑 자연사랑을 주제로 하여 행사를 하였는데 22년이 지났다. 그동안 상장과 상품을 받은 학생 수가 5천 5백여 명, 그들은 모두 환경사랑을 실천하고 있을까? 나는 친구와 환경사랑운동을 펼치기로 했다. 대전청소년단체협의회에서 이 행사를 주최하고 나는 심사위원만 맡는 것도 아주 잘한 일이다. 나는 이 행사 때문에 애태우고, 불면증에 걸릴 만큼 갈등도 있었으나 이 일을 앞으로도 계속할 수 있어 스스로 기대가 크다.

그리고 서울, 천안, 무주에 사는 형제들과 같이 구매한 과수원이 있는 추부면 성당리 선산에 모여, 매실나무, 대추나무 200여 그루를 심고 호박을 많이 심었는데 자라는 모습이 궁금하여 한

달에 한 번씩 만나기로 했다. 퇴비나 거름을 주니 잘도 자라는데, 이를 계기로 만나서 이런저런 얘기를 하고 추부에 와서 사촌동생과 같이 식사하는 것도 재미있다. 오랫동안 우애도 별로 없이 지낸 걸 후회하며 자주 만나다보니 새로운 정도 생기고 즐겁기만 하다.

누구나 행복하게 살기를 희망하지만 행복은 저절로 오는 것이 아니라 조그마한 일이라도 감사한 마음으로 행하면 내 곁에 있고 내 맘 속에 있는 것이 아닐까?

행복의 산실에 사는 대전시민은 누구나 꾸준히 노력하면 건강과 행복한 삶을 누릴 것이다.

최상의 행복

백세까지 하고 싶은 일 하면서 활동할 수 있다면 최상의 행복이지만, 치매나 중풍에 걸려 누워 지낸다면 재앙이요, 불행이기에 우리는 몸 관리를 잘 해야 한다.

건강은 육체와 정신이 모두 완전하도록 훈련하고 수련하면 젊어지는 속성이 있다.

나는 노년이 되도록 불면증, 손 떨리는 수전증, 언제나 불안한 우울증에 시달렸지만 다른 사람들은 잘 모른 채 지냈다.

지금 우리의 청소년들과 노인들의 자살률이 세계 1위라는 놀라운 사실은 가정이나 학교, 정부에서 정신건강에 더 관심과 대책을 세워야 할 중대한 문제이다. 그런데 별 관심 없이 지나가기에 답답하고 걱정스럽다. 고교에 진학해서 학교에서 흡연하다 선생님께 책임추궁을 당했다고 옥상에서 뛰어내려 자살한 대전 두 여고생, 이건 너무 끔찍한 사건이다. 생명 경시 사상인데 우리 청소년 문제가 얼마나 심각한지 보여준 사례이다. 가정, 학교, 사

박현아 노래강사와 송승희 체육강사로부터 최고의 행복을 배운다.

회 교육이 제대로 이뤄지지 않아 비극은 얼마나 많은가?

우리의 청소년교육을 입시, 출세 경쟁에서 인간, 인성교육으로 전환해야 하는 가장 큰 이유가 생명존중 인간사랑이다. 자살, 폭력, 전쟁 모두 사랑이 없기 때문이다.

흡연도 어려서부터 철저히 금해야 하는데 지금 우리 청소년들은 초·중·고생들이 별다른 죄의식 없이 흡연인구가 늘어나고 저연령화되니 더욱 걱정이다.

나는 20세 때 군에 가서 배웠는데, 60대 땐 하루에 서너 갑씩 피웠었다. 담배 없으면 주워서 피울 만큼 중독자였다. 금연침도 맞고 붙이기도 하고 약도 먹었으나 별다른 효과가 없었다. 위궤양으로 검은 변을 누게 되어 충대병원에 입원한 한 달 동안은 금식, 링겔, 주사만 맞으며 그때는 피울 수 없었다.

출혈이 멈추는 날, 제일 먼저 찾은 것이 담배 한 대였다. 그만큼 나는 세상에서 제일 좋은 것이 담배의 황홀한 맛, 나에게서 영영 떠날 수가 없을 것 같았다. 나는 아랫배가 살살 아파서 암일지도 모른다는 불안감에 떨면서도, 혹시 정말 암일지도 모른다는 두려움 때문에 내시경 검사도 안 했다.

어느 가을 날, 나는 죽어서 시체가 되었고 옆에 있던 아내는 "담배 그렇게 피우더니 그럴 줄 알았어요."라고해서 벌떡 일어났다. 그건 꿈이었다. 나는 뒤통수를 맞은 듯 머리를 쓰다듬으면서 금연하기로 결심하고 담배를 멀리했다. 그러나 하루에 한두 대도 피웠고, 완전히 끊기까지 1년이 걸렸다. 나는 건강검진도 했는데 다행히 암은 아니었고, 손 떨림은 계속되기에 충대병원에 갔더니 파킨슨증후군 같다고 하였으나, 그건 아닌 것 같아 제일 신경내과에 가서 알약을 먹기 시작했다.

몇 년이 흘러 나는 동창인 서예가 동암의 권유로 효동의 서지은 노래교실에 처음으로 갔다. 노래방은 가끔 갔으나 노래교실이 그렇게 많은 줄은 처음 알았다.

나는 고교시절 합창단에서 합창을 배웠고 연극과 함께 예술제에도 참가했고 교회에서 성가대에서도 활동했기에 노래는 좋아했으나 노래교실은 처음이었다. 나는 소리소리 지르며 가요를 불렀다. 그런데 두 번째 갔을 때에 기적처럼 손 떨림이 나았고 우울증도 나았다. 불면증은 자고 싶을 때까지 운동하니 해결됐다. 신문도 보고 글쓰기 하다가 피곤하면 자곤 했다. 그런데 성격도 차츰 변하기 시작했다.

소심하고 소극적이고 내성적이면서 하루 종일 말 한 마디 안

하고 듣기만 하던 내가 정반대로 수다쟁이가 된 것이다.

더구나 노래교실 다섯 곳엘 다니게 됐는데 여성들과 남성 비율이 대개 100:5쯤 된다. 나는 꽃밭에서 노는 게 아니라 내가 꽃이 된 듯 귀염 받고 대접 받고 살게 된 것도 재미있다.

더욱 기분 좋은 것은 새벽마다 더운물로 샤워하고, 일주일에 서너 번 유성온천에 가서 목욕하고, 잠시 휴식하다가 다시 목욕하니 이때가 천상천하에 내가 최고란 생각이 든다. 나는 탕 속에서도 손가락 발가락을 꼼지락거리고 도리도리 머리 돌리기, 항문 조이기 등 갖가지 운동을 하니, 나처럼 운동 많이 하는 사람도 별로 없을 것이다. 그러니 100세 이상 건강하게 살 자신이 생긴다. 새벽잠에서 깨어나면 가곡집 CD를 8개 사다가 듣는데, 제일 애창하는 곡은 채동선 작곡 정지용 시 조수미가 부르는 고향, 동심초, 봉선화, 가고파 등이다.

일요일엔 교회에 가서 찬송가 부르고, 젊은이들이 좋아하는 발라드는 CD나 TV에서 들으니 나는 신이 주신 가장 소중한 선물인 음악을 잘 활용하고 있는 셈이다.

나는 틈만 나면 자전거를 타고 재래시장을 한 바퀴 돌면서 새로 나온 채소, 생선, 과일 등 먹고 싶은 것을 사다 주면 아내는 정성껏 요리를 해준다.

"당신 요리 솜씨는 세계 최고야!"

"최고야, 정말 맛있어. 고마워요."

최대의 찬사를 퍼붓고 "당신 같이 예쁜 사람은 없어." 등 갖가지 수다를 떨면 정말로 그런 것 같아지니 신기하다.

나는 언제 어디서나 감사하며 기뻐하며 즐겁게 생활하기에 나는 이 세상에서 최상의 행복을 누리는 행운아이다.

날마다 나들이를 하는데 멀리 가지 않고 시내버스나 전철을 타고 종점까지 가기도 하고 보고 싶은 곳에 가기도 한다. 부족한 잠은 차타고 졸면서 가고 올 땐 구경하며 오기에 나는 언제나 싱싱하게 젊어지고 의욕이 넘쳐 무슨 일이든 하고 싶고 하는 일은 의외로 잘 풀리니 살맛이 난다.

국제예술과학도시를 향하여

어린이, 청소년, 시민들, 국민들에게 100세 시대에 건강하고 행복하게 사는 길을 찾아 줍시다. 출산, 유치원, 초·중·고 대학 교육의 혁명적 변화를 함께 합시다.

외솔 최현배 선생은 민애, 과학, 예술, 토론, 인재양성, 독서 교양 증진에 힘썼다. 종이 한 장도 공사를 구분했고, 승용차도 사적으로 사용하지 않았으며, 망국적인 지방색 없애려고 장남도 타지방에서 며느리를 맞게 한 청백리상 받은 외솔, 나라 사랑 민족사랑은 영원한 귀감입니다.

충무공, 백범, 유관순, 단재, 윤봉길, 한용운과 광복군 등 세계 도처에서 항일 독립운동을 하다 가신 선열애국지사들을 본받는 교육을 시켜야 합니다.

세계에서 으뜸 문자 한글의 은덕으로 우리나라는 IT, 컴퓨터, 스마트폰 정보산업의 왕국이 되었고 한류문화는 세계로 뻗어나가고 있습니다.

한글을 쓰는 세계인 8천만 명, 해외동포 720만 명 한국에 사는 200만 외국인 탈북자 수만 명 모든 세계인에게 대전의 사랑을 나눕시다.

79개 동에서 운영하는 복지만두레를 세계로 진출시켜, 전쟁 없는 세상, 인류평화와 행복을 위해 복 받는 대전시민의 열정을 바칩시다. 새로운 한국의 중심도시 대전을 세계의 중심지가 되고 세계 문화의 산실이 되게 합시다.

예술 · 과학 · 체육과 자연보호 환경 사랑의 생활화운동과 평생교육과 문화 · 예술 교류로 인류평화에 불꽃이 되고 소금과 빛이 됩시다.

이 정신으로 만드는 예사랑 예우도 국제藝宇로 개명하고, 국제교류문단인 미래문학과 대전문학인들, 예술 · 과학 · 체육인들의 지혜와 슬기가 모아지길 기대합니다.

세월호참사는 한국의 지도자, 재벌, 관피아, 법피아 등 모든 한국인의 부도덕, 부정 · 비리와 몰인정을 폭로했으며, 정부의 무능과 무책임, 회개를 모르는 모습을 보여주었기에, 세종대왕과 외솔 최현배 선생, 선열의 뜻을 되새겨 보기 바랍니다.

153만 대전시민이 광주나 목포에 가려면 앞으로 서대전역이 폐쇄되어, 남공주나 충북 오송역에 가야하고, 광주, 전주 시민도 마찬가지로 남공주나 오송역에서 내려 대전에 와야 하는 불편도 모르고, 경제원리, 승객이 왕이란 현실도 모르는 분들이 있습니다. 코레일 최사장은 대전은 무시하고 북한에 가서 북한 KTX를 건설하겠다는 협의를 했으니, 먼 장래를 위한 일이라지만, 153만 대전시민은 안타까운 심정으로 불편이 잘 해결되길 바랍니다.

100세 시대의 건강법

한국인도 건강관리를 잘하면 100세까지 살 수 있다는 통계가 나왔다. 중병에 걸려 마음대로 움직이지 못하고 누워서 여생을 보낸다면 이건 자식들을 불효자로 만드는 비참한 재앙이다. 그러나 자유롭게 하고 싶은 일을 마음대로 할 수 있다면 100세는 축복이고 행복한 삶이 아닐까?

나는 지난해까지만 해도 잘 해야 10년 더 살면 다행이라고 생각했는데 요즘은 100세까지 더 살고도 남을 것 같은 자신과 희망이 생겼다.

나는 심약하고 소극적이며 내성적인 성격 탓에 우울증과 불면증에 시달리며 살아왔다. 마음의 병은 언제나 자신감이 없고 당당하지 못하며 늘 불안한 심리상태라 마음대로 하고픈 말도 하지 못하고 눈치 보거나 활짝 웃지 못하고 잘해야 미소 짓기에 그친다.

건강을 위하여 생활체조와 운동이 가장 중요하다.

나는 배운 노래를 갈마동 복 받는 노인대학에 가서 80여명의 학생들에게 가르치며 율동을 하니 학생들은 웃었다. 6년 동안 나는 노래 한번 부르지 않고 희망곡 선곡만 해주는 봉사활동을 하다가 확 달라진 모습이 신기했던 모양이다.

나는 6,000곡의 노래가 나오는 효도폰을 지하상가에서 4만원에 사서 틈만 나면 켜고 리듬에 맞춰 율동을 한다. 제일 큰 걱정이 새벽 1시나 2시에 잠이 깨면 잠이 다시 올 때까지 바둑TV나 뉴스 시청에 시간을 보냈으나 지금은 가요채널인 inet을 보며 같이 노래도 따라 부르고 혼자 누워서 손발운동 100번씩 세어가며 흔들기를 열 번 스무 번 씩 계속하고 있다.

자신이 생기니 이제 모든 것이 긍정적으로 생각되고, 지금까지 아무에게도 말 못하고 끙끙 앓던 부끄러운 일도 자연스럽게 얘기

할 수 있으니 모든 일이 쉽게 잘 풀린다. 나는 석교동 주민센터에 있는 홍순옥 노래교실에도 가서 화요일엔 배우고, 목요일엔 학생들끼리 소리소리 지르며 율동을 한다.

그런데 노래교실마다 여성은 3,40명인데 남성은 서너 명이니 환영을 받고 대접을 받으나 '이건 아닌데'란 생각이 든다. 80세인 나를 '오빠'라 하니 웃기는 것도 재미있다. 그래서인지 나는 10년이나 20년 더 젊어진 기분이다.

더구나 백혈병에 걸려 투석해야한다는 성모병원 의사의 말을 듣지 않고, 감식초를 몇 달 먹고 새 힘이 생겨 보문산성이나 시루봉에 간다는 교육장을 지낸 선배의 소식을 듣고 나도 감식초를 물에 타서 먹었더니 이게 웬일인가?

수년전부터 딴방을 쓰던 각시방을 가끔 찾아가 놀게 됐으니, 이건 기적 같은 회춘이다. 그동안 무뚝뚝한 내외였는데 내가 애교도 떨고 별별 칭찬과 좋은 말만 하니 무뚝뚝한 각시도 호호하하 웃기도 잘하고 가끔 욕도 잘 하더니 지금은 새신랑 받들듯 딱 변했다. 이것도 재미있다.

이런 사실을 모든 친지들에게 알리고 싶어 전화로 말로 전하고 동생에겐 효도폰을 사주고, 또 철물점에서 4천원에 4장씩 파는 지압고무판을 사서 선물도 20여 명에게 주었다.

지압판에 서서 걷거나 운동하면 아주 좋다. 나에게 그동안 고맙게 해준 은인 20여분에게 봄날에 섬심을 한번 대접하기로 했는데 그때 예술단장과 체험학습을 해볼 예정이다. 그동안 의욕없이 살아온 내가 부끄러웠는데 이제야 여러 고마운 분들에게 고맙다는 인사를 할 수 있어 다행이다.

나는 일할 때에도 길을 걸을 때에도 틈만 나면 휴대폰 노래를 들으며 하루종일 기분 좋게 사니 이 세상에서 가장 행복한 사람 중에 하나다.

20세 때 햇병아리 문예교사가 되어 대전삼성초등학교에서 시작, 30여 년간 글짓기, 학교신문, 문집, 학예회, 연극공연 등을 지도하고 전국 신문교환운동을 백여 명 교사와 함께 하였고 큰 학교나 섬 분교장에서 근무한 33년간 어느 학교에 가서든 문예교사로 즐겁게 지냈으며 일기 잘 쓴 학생상, 글짓기상, 웅변상, 나의 주장 발표대회상 등도 수백 명에게 주어 격려하였다.

1972년에 문공부에서 문예작품을 공모했는데 연극부문 아동극 '꽃자리 마을'이 당선되어 신인예술상과 상금 30만원을 받기도 하였다.

논문, 극본, 수필, 동화, 동시 등을 많이 써서 신문, 잡지, 동인지 등에 발표하여 글을 쓰고 읽는 재미와 보람도 가졌다.

1996년부터는 대전시의 보조금을 지원받아 학생문예사생대회(그리기, 시화, 서예, 운문, 산문)를 세계 환경의 날(6월 5일)을 기념하여 열어 그동안 5천여 명에게 시장상, 교육감상, 금강환경관리청장상, 예총회장상, 중도일보사장상, 대전대학교총장상을 주었고 2만여 명의 작품을 김동식, 권영국, 안태승, 이현세 김용복 등 15명의 심사위원과 함께 22년 동안 계속하고 있다.

앞으로 「찾아가는 문예교실」을 운영하려고 한다. 노래교실마다 찾아가 내가 우울증을 극복하고 어떻게 건강과 젊음을 되찾아 행복하게 살게 되었는지 강의를 하고 실체를 보여주고 싶다. 누구나 언제 어디든지 「찾아가는 문예교실」을 늘푸른문화예술단과 함께 동행 할 것이다.

내가 살아온 길을 되돌아보면, 한국아동문학연구회, 한국아동문학인협회, 어린이문화진흥회, 아동극협회, 대전문인협회, 중도문학, 중구문학, 대전충남아동문학, 공무원문학, 문학사랑 등 여러 문학단체와 대전충남국어교육연구회, 글짓기지도회, 주민독서문화진흥회에도 참여해 임원을 맡기도 하고, 늘 바쁘고 재미있게 살았다.

이 모든 문화예술을 사랑하는 분들과 문예회를 만들었고 이제 대전에서부터 노래와 율동을 생활화하는 운동을 펼쳐 노래교실, 생활체조교실(태극권, 요가, 택견, 에어로빅, 댄스스포츠)과 서로 손잡고 건강과 행복찾기에 힘쓰고 싶다.

특히 여성이 대부분인 배움터에 남성들이 많이 참여할 수 있는 길을 찾아보겠다. "남성들이여 함께 건강을 찾읍시다."

국회의원, 시의원과 자치단체장, 기업인, 교육계, 시민단체와 손잡고 21세기 문예시대, 100세시대의 건강과 행복한 삶을 모든 국민이 함께 하도록 노력하면 얼마나 좋은가? "여러분, 함께 동행합시다."

문예산업의 발전과 진흥을 위하여 예술과 과학, 체육의 융합과 발전, 이것이 새해 나의 꿈이고 꼭 하고 싶은 일이다.

한마음촌 이야기

한마음촌을 아시나요?

대전광역시 서구 장안동 장태산 휴양림에서 조금 더 가면, 정신지체인을 수용해 농사를 지으며 치료하는 기도원이 있고, 맞은편 동산에 위치한 한마음촌의 아담한 건물이 있습니다. 세상의 아름다운 꽃과 밤하늘의 빛나는 별, 해와 달과 부모 형제들의 얼굴도 볼 수 없는 장님, 시각장애인들이 모여 사는 곳입니다.

선천성 심장병 어린이와 무뇌아, 콩팥이 이상한 아이, 언청이, 뇌성마비, 정신지체아, 손가락이 이상한 아이 등 잘나고 똑똑한 사람은 물론 친부모에게 버림받은 아이들도 따뜻이 맞이하여 보호해 주고 치료해 주며 세상 살아가는 길을 가르쳐 주는 한뜻 마을입니다.

누구보다도 먼저 사랑을 받아야 하고 사랑을 배워야 하는 어린이와 청소년들은 부모님과 함께 와서 장애인들과 같이 놀아 주고 노래하며 춤추며 얘기하는 친구가 되어 주지 않으렵니까?

한마음 촌 유동삼 회장은 충청의 세종대왕으로 한말글사랑모임, 국어교육운동을 평생 하셨다.

문학예술인, 선생님, 기업인, 정치인 등 어린이에게 관심이 있는 분은 수저질도 못하는 아이, 세수도 못하는 아이, 걷지도 못하는 장애아들과 몇 시간만 놀아주고 가신다면 내 아들과 딸만을 위하여 애타며 살아가는 인생관에 변화가 올지도 모릅니다.

고아수출 세계1위란 부끄러움에서 벗어나 모든 우리 아이들이 얼마나 소중한가를 깨닫게 될지도 모릅니다.

장애인 아들딸을 다락에 감춰 키우며, 장애인 자녀를 고아라고 속여서 외국인들에게 몇 푼의 돈을 받고 입양시키는 비정한 나라의 어른임이 한없이 부끄럽습니다.

우리나라에서 입양한 신경장애자 아들을 효과적으로 치료하기 위해 진급을 포기하고 전역권을 낸 주한 미군소령 폴 토머스

소령을 아시지요? 국방장관이 감사패를 전달하는 사진을 보고, 국경을 초월한 인류애가 왜 한국인에겐 부족한지 얼굴이 붉어졌습니다. 사랑을 배우고 싶은 분은 오세요.

이 한마음촌에도 여러 교회, 성당, 학교, 회사, 은행 등 자원봉사자들이 찾아와 밥도 먹여주고, 세수와 목욕도 시켜주고 이발 청소 등 갖가지 궂은일을 해주고 후원금과 특별기금을 내시는 분들도 많이 있습니다.

삼성전자의 일부 대리점은 자기네 제품을 사면 1%씩 한마음 가족에게 후원금을 주어서 돕는 '작은 나눔 큰 사랑' 운동을 지난해에 펼치기도 하였습니다. 여성들이 더 많이 오는 한마음촌.

장애인들도 체육대회가 열리면 달리기, 씨름, 탁구, 농구까지 하며 좋아하고, 한마음 찬양 발표회, 찬양 경연 대회도 열어 자원봉사자와 후원자들과 함께 마음의 문을 활짝 열기도 합니다. 특히 사물놀이 배울 때가 제일 신이 나는데 장애인과 어린이들에게도 문학과 예술의 즐거움을 함께 지원해 주기 바랍니다.

이 사회복지법인을 7년 전에 장애를 극복하고, 사후에는 신체장기를 기증하여 장애아를 돕겠다고 서약한 것이 인연이 되어 세종학원 유광운 원장이 설립했습니다.

서구청의 지원으로 건물을 짓고 운영하고 있으나 중증 장애인들이 많아 수술비 치료비 또 재활 교육비 등이 한없이 많이 들어 이웃들과 샘물 같은 꾸준한 사랑이 재활의 밑거름이 되고 있습니다.

한마음 직원 모두는 사람들에게 친절을 첫째로 생각하고 장애인의 친구가 되어 웃으며 살고 있습니다.

지난 겨울방학 전날, 석교초등학교 어린이 회장단과 아내와 함께 한마음촌을 방문하고 스승이신 유동삼 회장님의 안내를 받아 시설과 그들의 생활 모습, 환경을 보고 이런 생각을 했습니다.

'모든 장애인은 되도록 장애가 같은 사람들 끼리 한곳에 수용 · 치료 · 교육하는 병원, 학교, 농장, 공장을 한동네에 세운다면 치료비 · 교육비 · 재활비는 절감되고, 효과를 극대화 할 수 있으며, 무엇보다 장애인 가족들은 해방되어 생업에 종사할 수 있지 않을까? 그리고 비행, 탈선, 범죄, 가출, 자살 등 끔찍한 일을 서슴지 않는 우리의 어린이와 청소년들을 이 동네에 보내어 자원봉사 활동을 하게 한다면, 건강만 해도 행복하다는 것을 체험으로 깨닫게 될테니 일거삼득이 되겠구나.' 생각했습니다.

두레공동체 체험학습장으로 문학, 예술, 체육, 봉사를 함께하는 한마음촌으로 발전하도록 뜻을 같이 하는 모임을 만들고 싶었습니다.

대전에는 사랑을 실천하는 분들이 많아, 김밥 할머니 이복순 여사가 충남대학교에 50여 억 원을 회사한데 이어 전직대통령의 부정축재 파문 속에서 70대 인쇄소 사장인 이천구씨가'평생 동안 사회에 공헌한 일 없이 신세만 져 왔다.' 고 마지막 봉사의 기회라며 평생 모은 35억 상당의 건물을 기증하였고, 정원건업 김달수씨는 10년 이상 불우이웃돕기를 해오다가 27년간 모아온 재산의 절반을 한남대에 기증하여 나눔의 사랑실천을 하였고, 어렵게 초등학교를 졸업한 후에 남의 집 종업원으로 들어가 이제는 어엿한 한국중기공업 대표가 된 정옥현씨는 모은 재산 10억 상당의 땅을 '청소년이 바르게 자라면 보람' 이라고 시에 기증하고 1만평 수련장을 개장 여가선용 장소로 되돌려 주지 않았습니까?

호남농장 정길준씨는 26억 상당의 임야를 시에 기증하고 '어른들이 청소년들에게 죄인 같은 생각이 든다.'며 대전 청소년 수련장을 세워 놓고 세상을 떠나셨으며, 37년 동안 모은 사재를 털어 인생의 마지막 임무가 육영사업이라고 평생의 꿈 「어린이 집」과 요양원을 설립하여 동심 속에서 사는 이상학씨, 대전지역 여성들의 푼돈으로 설립된 대전YWCA 신용협동조합회관을 건립하고, 어린이 독서 휴식 공간, 무인도서 대여코너, 연극 공연을 할 수 있는 공간과 생활체육 공간 등 금융업무와 문화공간을 마련하여 어린이 문화 불모지에 텃밭을 마련 해준 민명수 신협이사장, 성세재활원 고 남시균 원장, 신생원 박연룡 이사장 등 헤아릴 수 없이는 많은 인사들이 청소년과 어린이 · 장애인들을 위하여 헌신하고 좋은 일을 하였으니 호수에 연꽃이 피어 물도 꽃도 곱듯이, 장애 아이들에게도 따사로운 햇살이 그늘진 마음을 활짝 비출 날이 올 것을 기대합니다. 장애아 부모상담실이 대전YWCA에 2월 중에 생겨 유병우 대전정서학습장애아후원회장이 상담을 맡는다고 하니 더 더욱 기쁜 소식이 기다려집니다.

충청사랑연합의 길

충청은 백제부터 현재까지 충절이 강한 인물, 학문을 닦아 수행하는 진정한 양반, '선비'들을 통해 지역 예학의 뿌리가 내린 게 충청문화가 아닐까?

효자열사 등이 연이어 나와 계백, 성충, 홍수, 충무공 이순신, 김좌진, 이색, 성삼문, 박팽년, 유관순, 한용운, 윤봉길, 단재 등이 충절정신을 이었다. 우리는 이들의 정신을 받들어 충청의 정체성을 확립하고 소통과 화합을 통해 꽃 숲 환경사랑으로 관광의 활성화, 예술 · 체육 과학의 생활화와 교류, 예절 친절 칭찬으로 행복한 세계인이 되도록 하는 교육이 필요하다. 충청인은 인간사랑, 지구촌사랑, 경제발전, 평생교육실천, 음식문화, 장묘문화 개선 등 수많은 필요한 생업을 하는 공동체가 돼야 한다.

충청인은 대통령을 배출하지 못했으나 언제나 정도를 걸어왔고, 운정(JP)은 조국을 위해 2인자로 민주주의와 근대화에 심혈을 바쳤다.

대전 100주년 기념사업회, 대전문협 권득용, 문총 김영훈 회장등 문인들이 창립총회를 열고 이창기 교수를 회장으로 추대, 나도 수석 부회장이 되었다.

5.16혁명은 쿠데타로 판결났으나 운정은 민주주의 꽃을 피우기 위해 경제 강국을 위해 한일회담 성사, 노태우 김영삼과 연합도 하고, DJP연합정권 창출 등 큰일을 해냈다.

충청인은 독자 정당도 출현시켰으나, 여야가 되지 않고 덕망있고 능력있는 인물을 선출하며 영호남의 패권주의를 조정하기도 하였다. 민주주의의 꽃인 선거를 영호남은 편가르기 지역주의로 언제나 한편이 완승, 독점하여 깃발만 꽂아도 당선시키기에 훌륭한 인재를 탈락시키길 수십 년 되풀이 하면서도 잘못을 깨치지 못하고 계속되고 있다. 가까운 지인들만 지연 학연으로 찾아내 총리, 장관 등 요직을 독점하여 지역발전도 예산편성도 독점하는 걸 당연시 하고 있다. 그래도 호남은 대통령을 한 분 배출하며 한

풀이 하듯 발전시켰다. 영호남에 비해 언제나 충청과 강원은 홀대받는다고 분노하나 단합을 못하여 늘 밀리는 대세이다.

우려하는 것은 민주주의, 경제 원리도 모르는 지도자들이다. 대전은 한반도의 중심이며 교통, 과학, 행정 중심도시로 한국의 5대 도시인데 KTX호남선이 대전 153만 명과 군사도시 계룡시, 논산시를 함께 제외시켜 불편케 하고 있으니 이건 국토교통부와 함께 호남세의 큰 오판이다.

국토교통위원인 이장우 국회의원은 호남KTX 서대전역 경유가 국민의 철도로서 당연하다고 말한다. 하루 평균 5,000명이 이용하는데 경유가 안 된다는 주장은 설득력이 없으니 호남이 주장하는 저속철 우려는 합리적이 아니라고 했다.

호남은 지역주의 대신 통계, 현황을 따져 문제를 해결하라고 했다. 대전 역사를 증축할 예정이라고 하는데, 급한 건 역사보다 국토부에서 KTX 서대전 경유를 조정하면 간단히 해결되는 문제다.

대구, 광주가 이런 홀대를 받았다면 난리가 났을 텐데 대전 충청인은 온건 유순하고 단합도 못하니 4년간 장관 한 분 못내는 신세가 되었다. 영남은 정계뿐 아니라 재계 · 법조계, 군부계 등 모든 요직을 독점하고 실권을 장악 대구 경북 공화국 또는 영남 공화국이 되었다.

일찍이 세종대왕은 정적인 황희를 정승으로 모셔 20여 년간 정승이 되게 했고, 노비 장영실을 과학자로 발굴 측우기, 해시계를 발명케 했으니, 인재를 전국에서 찾아 중임을 맡겨야지 총리를 대여섯 번이나 지명 청문회도 못나가고 탈락시키는 시간 낭비와 실망을 배가 시키는 잘못은 하지 말아야 할 것이다.

세종대왕의 위대한 민애사상을 이어받아 평생 한글운동 교과서 편찬, 애국애족운동을 펼친 외솔 최현배 선생은 종이 한 장도 절약, 승용차도 공용으로만 썼고, 한 제목 내용의 강의 후 받은 강사료도 두 군데서 받지 않는 청백리로 청백리상을 받은 민중의 지도자다.

특히 지역이기주의는 망국의 근원이라고 자기의 장남 자부를 다른 지역에서 데려올 만큼 지역주의를 배격했다.

박병배 의원, 옥미조 순리원장도 그렇게 했으니, 분단된 조국에서 남북통일을 기원하는 우리 국민들이 본받을 포용주의 민애사상이다.

충청은 호남보다 인구가 많아 영충호가 되었건만 국회의원수는 적으니 이것도 꼭 시정해야 하는데, 역시 지역이기주의로 여야가 합의가 안 되고 있다.

이밖에 당진항 평택항 문제에서 당진항의 주도권을 빼앗긴 것, 당연히 와야 할 미래창조과학부의 세종시 이전을 미루는 것도 시급히 시정할 문제이다.

10월 15일은 충청향우회 중앙회 오장섭 총재 등이 제정한 '충청의 날'이다.

제1회 충청의 날을 맞아 바다 살리기 운동을 펼치는데 나라가 어려울 때 애국애족의 선봉에 섰던 애국선열의 고귀하고 순결한 국혼을 되살려 통일을 선도하고 있다.

태안에서 치어 20만 마리를 방류 어촌을 되살리기 위한 사업 등을 하고 있다. 백소회(百笑會) 임덕규 총무도 충청의 역사가 새롭게 쓰여지도록 노력하고, 유관순 열사의 역사 재평가에도 힘쓰고 있다.

대전100주년기념사업회 이창기 이사장은 부이사장 10명, 이사 100명을 추대하고 행복한 대전공동체의 새로운 100년을 준비하는 세미나를 열기도 하였다.

우리나라와 세상을 아름답게 가꿀 수 있는 한국형 리더가 필요한 시점이다. 행복한 충청인공동체를 만들고 어둡고 험난한 사회의 빛이 되고 소금이 되는 인재를 길러내어 뒤뚱거리는 이 나라를 바로 세울 큰 인물이 충청에서 나오길 소망한다.

충청을 사랑하는 여러 동지들과 함께 충청사랑연합 창립을 추진하니 많은 인재, 뜻있는 동지들과 충청을 위하여, 나라를 위하여 함께 가는 뜻을 가진 분들이 많이 참여했으면 한다.

사회개혁의 길

나는 1959년 4월에 중도일보에 칼럼 한편을 발표했다. 55년 후인 오늘에도 하고픈 말이다. '행복한 국가에서 잘 살기위해 생활과 정신의 혁명을 일으키자.'

요지는 4.19 혁명의 정신을 망각한 정치인들이 민주당 신구파로 나뉘어 실권 잡기에 혈안이 되고, 대학생들은 '가자 북으로!'를 외치며 남북 대학생들끼리 통일회담을 한다고 아우성을 펴고 날새는 줄 모르고 야단법석을 떨어 혼란을 가중시키고 있었다. 보릿고개를 이기지 못한 농민들은 떼 지어 이농행렬에 가담하여 공장지대로 떠났다. 도시의 한 교실은 반으로 나누어 반 칸 교실에 40여명의 학생들이 콩나물처럼 배워야했다. 그리고 미국이 원조한 우유와 옥수수로 죽을 끓이며 빵을 만들어 학생들의 굶주린 배를 채워야 했다. 그런데도 관혼상제는 분수에 넘치게 호화롭게 치르는 허례허식으로 도를 넘었었다. 가장 심각한 것은 재벌을 비롯한 무역상들의 밀수가 극성이었다. 사카린, 설탕, 양담배,

정의사회를 구현하기 위하여 의식개혁, 교육개혁, 사회개역은 지성인, 문화인들이 앞장서서 실행해야 한다.

커피, 옷감 등의 밀수액이 년에 1천억 환이 넘었었다. 200만 명의 1년분 양식을 살 수 있었고 교실 몇 백 개를 지을 수 있는 엄청난 돈이었다.

그 후 전두환, 노태우 대통령이 5적의 으뜸으로 등장하여 광주 시민들을 학살하고, 정권을 탈취하고, 기업인들을 협박해 몇 천억 원의 비자금을 조성했다. 법은 솜방망이 처벌을 이상하게 했다. 보통 사람들에겐 엄격하지만 장군들에겐 너그러운 것이 수도 없었지만 뭔가 잘못됐다. 40여년이 지난 오늘까지 재산을 몰수하지 않고 이제야 법석을 떨고 있는 나라다. 오적을 쓴 김지하도 사상범으로 처벌받았으나 이제야 면죄부를 받았다. 그 타는 목마름으로 민주주의 만세를 불렀던 그때부터 오적을 비롯한 부정부패,비리,횡령,배임,뇌물공여,나라를 떼어먹는 오적들을 척결하지 못하는 나라에서 학생들은 무얼 보고 듣고 배울까?

전두환을 대통령했다는 이유로 반역죄인데 경호팀을 두어 몇 억 원씩 국비를 낭비하는 것을 그들도 알고 있다. 이 세상에 돈과 권력이 제일이니 일류대학을 가서 출세하는 것이 지상목표가 되었다. 정의가 기본인데 기본이 서지 못했기에 교육개혁이나 교육혁명보다 시급한 것은 사회개혁이다. 오늘도 공공기관은 정권에 협력한 인사들을 임원으로 낙하산 임명을 했고 그들의 책임경영은 실종됐다. 책임도 안 진다. 이사회는 요지부동 거수기이고 이사회도 3년간 안건 찬성률이 99.5%이니 이건 공공재산을 제멋대로 써도 된다는 신호 같다, 주요 공공기관의 부채증가액이 한국토지주택공사 48조9천억, 한국전력공사 16조5천 억 등 무려 115조2천억 원이다.

정권이 바뀔 때마다 낙하산조차 못 끊는 정부가 변하지 않는다면 한국은 영원한 부패국가이다. 박 정부 들어서도 끊임없이 논란이 일고 공공개혁 동력을 스스로 약화시키고 있다는 보도를 보면 오적을 지적하고 부정부패를 척결하자던 김지하 시인의 타는 목마름이 새삼 안타깝다.

밀수입, 탈세, 배임, 횡령 등 부정부패 비리는 지금도 정부 각 부처, 재벌, 공공기관 등에서 나날이 늘어나고 있건만 처벌은 솜방망이다. 선거법 위반 시 50배의 범칙금을 물리는 것처럼 부정비리가 적발되면 선거법위반처럼 재산상 부담을 준다면 그래도 옛날보다 깨끗한 선거가 된 것처럼 부정부패도 없어질 것이다. 선거법위반죄로 재선거가 실시되면 그 비용을 위반한 범법자에게 물려 국가, 국민의 세금이 낭비되지 않게 해야 할 것이다. 박근혜 대통령은 공공기관을 개혁하고 엄중히 책임을 묻겠다고 했으니 기대한다.

성웅 이순신장군은 물었다. "나라를 위해 무엇을 할 수 있겠는가?" 지금 우리나라는 경제 강국이고 과학혁신능력도 세계8위로 찬란한 빛이 보인다. 그러나 남에게 빚을 지면 노예에서 벗어나기 힘들다. 그런데 우리나라 현실은 너무 어둡다. 정치지도자나 국회의원은 심각한 나라 빚과 가계부채 그리고 공공부분의 빚을 생각하고 있는지 모르는지 안타깝고 답답하다.

지금 우리나라는 공공부문 50조원과 나라 빚과 가계부채가 2,000조 원이 넘고, 1년 이자만 몇 십조씩 늘어난다는데 이는 예삿일이 아니다. 용인군 전철이나 대전동구청, 성남시청 4대강 사업 등 국가에 엄청난 손실을 끼친 건설사업, 금융비리 사업들은 이명박 대통령이나 단체장들의 무모한 과욕, 전시효과를 노린 무사안일주의 사상 때문이었다. 당국은 그들에게 엄히 책임을 지게 해야 한다. 그리고 우리의 후손들에게 빚을 떠넘기지 않아야 한다. 계속 늘어나는 빚을 줄이기 위해 국가예산은 꼭 필요한 곳에만 써야한다. 국회의원이 자기지역 예산을 많이 따올수록 유능한 국회의원인 현실을 바로 세워야 한다. 막대한 부를 축적하고 종교계의 세금을 자진 납부하는 제도도 고쳐야한다. 수백억원을 횡령 배임한 세계에서 가장 큰 교회의 원로목사와 그의 아들, 신문사 사장이 5년 언도받은 것은 그들이 돈을 어떻게 쓰는가 알려주었다. 종교계의 혁명적인 개혁이 꼭 필요함을 알려준 사건이다. 우리는 아직도 제약회사와 병원의 리베이트, 재벌들이 중소기업을 약탈하고 단가를 후려 깎고 기술을 빼내가고 결국은 도산시키는 파렴치한 사례들을 국가가 척결해야한다. 시험지 유출로 장학사 돈 받은 교육감과 관계자들도 엄히 다스려야한다. 곳곳에서 독버섯처럼 솟아나는 부정비리를 척결하는 감사원은 옛날의 암행어사처럼 소리 나지 않게 뼈를 깎는 아픔을 주어 이 사회 이 나라를 정의사회 정의의 나라로 만들어야 한다. 재벌이 잘 되려면 총수들이 기업을 바르게 키워야하는데 총수들 재판이 3,4년째 구속수사 중인데 최태원, 김승연, 이호진, 이재현 등 오너 부재로 길어지고 있다. 법원은 여론의 눈치를 보면서 시간을 끌고 있다. 4만 명의 피해를 입힌 동양 사태는 신속히 문제를 해결 해야만 한다. 그들에게 과징금을 징벌적으로 많이 내게 하고 새 출발의 길을 열어줘야 할 것이다.

삼성, 현대 오너들도 자유를 주었듯 평등한 집행을 해야 할 것이다. 특히 이번 삼성이 총장들에게 후원 권한을 주어 삼성맨을 뽑는데 서울, 경남, 경북은 우대하고 강원, 충청, 호남지역의 대학들은 무시하여 2류, 3류 대학으로 전락시킨 것은 지역차별, 여성차별 하는 멍청한 짓거리였다. 삼성재벌은 태안반도를 기름바다로 만든 원죄를 짓고도 보상은 차일피일 미루고 최소화하며 책임을 미루고 있다. 삼성은 수십조 원의 이익을 내고 성과금을 받아 삼성재벌공화국의 오명을 쓰게 해선 안 된다. 삼성이 인간의 평등성, 지역감정을 깊게 하고 대학교의 서열을 매기는 총장추천제를 보류한 것을 다행으로 생각한다. 그러나 이런 부당한 행위를 떳떳한 행동으로 공개적으로 할 수 있는 것은 정부나 교육계를 얕잡아보는 우월주의에서 출발한 것 같다. 삼성은 돈, 권력,

명예는 이사회에서 최고의 덕목이기에 양심과 정의는 실종되지 않게 할 책임이 있다. 우리나라가 유전무죄 무전유죄의 후진국이 아니고 억울한 사람이 한 사람도 없도록 세심한 정치를 바란다. 그리고 동양의 문화선진국 싱가포르를 모델삼아 부정, 비리, 사기 등 개인이나 국가에게 피해를 주는 자를 일벌백계의 단호한 처벌로 위대한 한국으로 새 출발 해야 한다.

내가 퇴직하고 대전금빛평생교육봉사단에서 부단장을 하며 일자리 찾기에 힘쓸 때 가난한 시민을 위한 길이 없는가 생각하다가 20년 전 이봉학 시장을 생각했다. 대전 유지들과 저녁 한 끼를 같이 나눈 후 남는 돈으로 불우이웃을 돕던 상록회가 생각났다. 나는 임기원 시인과 염시장을 면담했지만 탐탁지 않게 생각했기에 금빛평생봉사단을 운영하던 이창기교수를 찾아 점심을 같이 하며 협의했다. 우선 복지만두레 지도자과정을 교육시켜 복지정책 1단계 과정을 하기로 했다. 염시장을 강사로 모신 첫날 58명의 교육생들이 모두 대전의 유지들임을 보고 깜짝 놀랐다. 그 후 대전시와 협약을 맺고 복지만두레팀을 대전시 79개 동에 만들고 200여명을 교육시킨 후 수혜자 1만 가구를 돕기 시작했다. 나는 임기원 시인과 함께 복지만두레 중구협의회를 창립하였고 2004년 7월에 한국복지만두레협의회 발기선언문을 발표했다. 2003년 대전의 나눔과 상부상조의 두레문화를 확산시켜 불우이웃을 돕는 만두레정책이 성공했다. 대전시는 복지만두레 10년을 맞이하여 성심당, 위드텍, 신한생명, 사랑을 실천하는 모임, 대전튼튼병원, 이마트 둔산점, 홈플러스 문화점, 영산불교 대전 분원 현지사 등 7곳의 지역 복지활성화에 기여한 단체에 감사패를 전달하였다. "사회적 자본 확충과 연계해 따뜻한 지역사회를 만드는데 매우 중요한 역할을 해온 것에 감사드린다." 염홍철 시장은 "오랫동안 복지만두레에 참여해온 모든 기업과 기관 단체에도 감사드린다."고 말했다. 박용재 복지정책과장은 참여단체 및 개인에 대한 사기진작프로그램 개발과 취약계층 지원프로그램 개발 등 대전형 복지네트워크로서 복지만두레가 한 단계 더 발전할 수 있도록 대전복지재단(대표 정진철)과 함께 노력하겠다고 전했다.

내가 최초로 발의하여 이창기 대전발전연구원장의 제1차 복지만두레 지도자과정을 맡고 우리동네 석교동 만두레와 대전중구협의회를 창립하고 고문으로 활동했으며 2004년 9월에는 한국복지만두레협의회 창립발기선언문을 발표한지 10년이 지났다. 나는 이 꿈이 한국 전지역으로 확산되길 바란다. 퇴임하는 염시장이 이 일을 맡길 바란다.

갖고 있기보다 나누면 내 삶이 더욱 풍요롭고 행복해진다는 평소의 생각을 옮겨 100억대 주식을 기부한 세중나모여행 천신일 회장이 모범을 보였다.

"국민이여 나라를 위해 할 일은 무엇인가?" 이순신 장군이 물었다. 어떻게 대답할 것인가? 지금 대전에서도 생활고와 치매로 많은 가정이 무너지고 충남지역 노인학대도 5년 새 2배로 증가했다고 한다. 이런 일들이 너무 많은 현실이다. 창의인재 육성에 교육혁명이 일어나야 한다는 박대통령 말씀에 공감하며 할일 없는 노인 10명중 7명이나 되는 것은 노인문제가 얼마나 심각한지 보여주고 있다. 그리고 이 나라는 과학기술 강국임을 자랑한다. 함께 이룬 과학기술도 함께 창조경제를 누리고 하늘이 주신 가장 좋은 선물인 노래, 춤, 율동을 생활화한다면 모든 국민에겐 웃음과 행복이 찾아올 것이다.

박정희대통령이 새마을운동의 성공으로 유신독재정치를 하고도 가장 존경받는 대통령이 되었듯이 노인에게 20만원 지급 등 선거공약 불이행으로 비난을 받더라도 봉급 절반 헌납 등 사회개혁의 시범을 보인다면 존경받는 대통령이 될 것이다.

순리치유법 창안자의 삶

나는 옥미조 원장의 제자가 된 것을 언제나 고마워해 거제도, 계룡산 등 여러 곳에 가서 전국에서 순리치유법을 배우러 온 연수생들과 교육도 받고, 관광도 하는 기쁨을 누렸다.

옥 원장은 이틀간의 연수프로그램 중 꼭 관광코스를 넣고, 어느 땐 높은 산 정상까지 홀딱 벗고 등산했는데 풍욕 겸 일광욕 이라 했던가? 대전 가수원에서 한의원을 경영하는 기경서 원장과 같이 가기도 하고, 한상수 대전대학 교수, 박명용 박사, 홍재헌 교장, 전영관 시인 등 많은 문인들을 같이 만나 교육을 받기도 하였다.

나는 연수를 받고 자격증을 따서 가까운 친척인 사촌형, 사촌동생, 5촌 조카, 처제, 동서 등 무주, 전주 등을 찾아가 아픈 상태를 보고 추의 움직임에 따라 위허, 위실, 간허, 간실 등을 알고 질병 상태에 따라 경혈자극법과 침과 지압으로 치료하니 효과가 컸다.

나는 어느새 신비한 치유법에 심취되어 여러 아동문학가, 동창생, 친지들에게 건강전도사가 되어 강의도 하고 치유도 하는 것을 보람으로 알았다.

옥 원장은 1942년에 일본에서 태어나 해방 이듬해 귀국, 거제에서 편조모 슬하에서 자랐다. 아주 가난해서 밥 굶기는 예사이고, 소주 한 잔에 찬물로 배를 채우고 학교에 다녔으며, 쌀 1되가 학교 공납금인데 이게 없어 머슴살이하며 학교엘 다녔다. 공책에 교과서를 베껴서 공부도 했는데 담임선생의 도움으로 중학교에 진학, 장학생으로 졸업하였다. 부산사범학교는 가정교사로 3년 졸업한 후 멀고 먼 낙도로 자원해서 갔다.

통영군 안산면 죽도, 장사도 분교장에 근무할 때 「에에헴!」 옥 선생이 염소울음 소릴 지르면, 「에에헴!」 숲 속에 흩어져 놀던 염소들이 떼 지어 줄줄 따라오는 것이 제일 재미있었단다.

돼지, 닭도 길러 자립학교 기틀을 마련했는데, 이런 이야기를 수기로 써서 저축추진중앙회 공모에 냈더니 최우수상을 받았다.

「진범이 섬의 신화」란 제목의 글인데 훗날, 유현목 감독 「낙도의 메아리」로 영화화 되어 전국에 상영, 유명세를 탄 주인공이 되기도 했다. 또 농어촌 소득증대 방안과 낙도의 개발 계몽활동으로 교사로서는 전국 최초로 철탑산업훈장도 받았다. 새마을운동이 한창일 때 열심히 섬 주민들과 같이 일을 하면서도 끊임없이 일기를 쓰고 동시, 동화도 썼다. 그러나 너무 무리했던 탓인지 간경화 병에 걸려 살긴 어렵다는 사형선고를 받았다.

"왜 죽는지 알고나 죽자"

4년 동안 생사의 기로에서 투병했는데, 이 때 신학서적과 의학책을 열심히 많이 보고 순리치유법을 연구하며 기록했다.

모든 병은 병자 자신이 고치는 것이란 진리도 깨닫고 경혈자극법과 침, 지압, 여러 가지 민간요법을 종합하여 순리치유법을 창안하고 봉사활동을 계속하였다.

"병원에서 포기한 사람만 오시오."

건강 서적 92권의 저자이며 불치병 환자 10만 명을 고친 옥미조 교장 이야기가 1992년 여성동아에 실렸다.

두 명의 기자가 이틀간 인술 현장을 보고 듣고 느낀 것을 기사화하여 보도하자, 전국의 난치병 환자들이 보호자와 함께 몰려오기 시작하였다.

운동장은 주차장, 교장실과 사택은 사람들이 점령하니 학부모들은 아동교육에 방해된다고 항의가 빗발쳤다.

옥 교장은 중단하겠다는 각서를 쓰고 '전국에는 내 제자들이 있으니 그 곳으로 찾아가세요.' 안내장을 붙이니 대전 인근에 사는 환자들이 기경서 원장과 나에게 몰려 온 것이다.

나도 순리건강 책을 보면서 여러 가지 요법을 배운 대로 치료하니 의외로 효과가 있었다.

특히 내 아내도 순리치유법을 청강생으로 배웠는데 나보다도 더 잘 해서, 상의하고 봉사하니 부부애도 더 좋아진 행운이었다.

나는 1992년 계룡산 세미나에서 제2회 순리원 절제상을 받았다.

순리치유법은 배우면 누구든지 병을 고칠 수 있게 썼고, 하루속히 전 세계에 확산되길 바라는 인류의 행복을 위한, 평화주의자이다.

옥 원장의 위대한 점은 아는 것을 아낌없이 연수생들에게 교육해 전국은 물론 전세계로 파견시키는 것이다.

세계 각 나라말로 번역 의과대학에서 필수과목으로 가르칠 수 있도록 교수를 양성하고 준비하는 열정과 학구열이 대단하다.

순리치유학술논문집 「순리치유의 세계」를 3집 발간 총 78편의 논문집을 내기도 하였다. 1,000쪽이 넘는 방대한 연구서 「순리치유원론」과 보정원론을 써서 세계 의학계의 인정을 받고, 세인들의 영웅이 될 날도 머지않았다는 생각도 든다.

옥 원장은 20만 명 정도의 이름을 기억하고 싶단다. 19번의 이사, 40여년 교직생활 중 사귄 사람들, 순리원에 찾아와 상담치료 받았던 사람들, 그리고 아동문학가와 문인들을 합하면 20만 명쯤 되는데, 잊지 않고 기억하고자 편지를 많이 쓴다.

그는 이미 일본, 중국, 미국, 파라과이, 방글라데시, CBS 신학대학 등 8개국 대학에 파견할 교수요원을 양성중이다. 러시아, 영국, 독일, 터키, 네덜란드, 캄보디아, 필리핀 파견도 추진 중인데 그가 바라는 대로 모든 일이 꼭 이뤄지는 것이 신기하고 경이롭다.

오는 2016년 8월 24일에는 정읍소재 연수원에서 순리상 시상과 박사학위 수여식을 거행했다. 그는 이미 학문적으로 최정상인 박사학위를 취득하는 제자들을 양성한 것이니 대단하다. 1940년부터 현재까지 총 천삼백여 점의 문집을 담은 한국교육문집을 발간 일목요연하게 교육개혁이 일어나는 과정을 알게도 하였다. 특히 오랫동안 수집한 1만 2천여 점의 민속자료, 도자기, 고서, 농경유물이 전시된 거제민속박물관도 설립하여 청소년 교육의 장으로 만들었으니 "당신은 참 장하시구려." 감탄할 수밖에 없다.

기독교, 교육, 아동문학에 관심이 많기에 관련 문헌들을 수 만 권 수장하고 있으며, 이번에 또 순리상 수상작품집을 냈다.

순리상 자체만으로 영광인데, 기록에는 정용원 아동문학가가 쓴 '나는 20년 동안 학교에 다녔다'는 자서전 일부가 기록되었는데 6.25 전쟁 후 2학년 때부터 월반하고, 구구단 외워서 반장이 됐으나 힘센 아이들한테 구박 받은 이야기, 외갓집에서 눈칫밥 먹으며 중학교 다닌 이야기, 사범학교에 합격, 외삼촌이 입학금 대주어 선생된 얘기, 방송통신대학 다닌 얘기, 사립 대우초등학교 교장하면서 교육대학원 졸업하고 서울대 교육행정연수원 강의 받아 20년간 배운 이야기를 리얼하게 썼기에 저절로 흐르는 눈물, 닦을 줄도 몰랐다.

기록문 7권, 수필 4권, 동시 6권, 동화 7권, 논문집 목록 14권, 순리사상연구 논문 목록, 순리 치유의 세계 2집과 3집, 4집 등 방대한 책을 내는 사람은 어린 시절 교과서 없어 머슴살이 했던 옥 원장만이 할 수 있는 일 같다.

나는 옥 원장보다도 5년 일찍 글쓰기 시작 60년이 됐는데도 글은 많이 썼으나, 문인들로부터 귀한 책을 많이 받기만 하고, 책 한권 못낸 멍청이라, 올해는 꼭 한 권 낼까했는데 믿었던 놈한테 낭패를 당하여 팔십 평생 헛산 것 같다.

여러 문학단체에 가입, 작품이나 열심히 쓰려고 한다. 지금까지 400권의 저서를 발간하고 2천여 곳을 찾아가 특강을 한 옥 원장은 이 나라의 국보요, 세계인의 난치병 치유를 위해 헌신하는 모습은 성민(聖民)만이 할 수 있기에 자랑스러운 글벗이 아닌가?

외솔사상 나라사랑의 길 찾기

1. 외솔은 누구인가?

화창한 봄 날, 3월 23일은 겨레의 영원한 스승, 외솔 최현배 선생의 44주년 기일이다. 한말글사랑한밭 모임 안태승, 김차균, 권영국, 이상덕, 변상호는 대전 외솔회 유동삼 회장의 안내로 국립대전현충원으로 가서 외솔님 묘소에 참배를 했다.

큰 절을 올리고, 기도도 드리며 푸른 솔처럼 올곧게 살다 가신 숭고한 삶을 되새기며 우리도 좋은 일을 하자고 다짐하였다. 최현배 선생이 지은 「한글만 쓰기의 주장」을 보니 외솔님은 1910년 경성고등보통학교에 재학중, 주시경 선생의 감화를 받아 이때부터 한글로 초등학교용 국어독본을 꾸미는 등 한글 연구에 뜻을 두었다.

1915년 1명 뽑는 관비 유학생으로 뽑혀 히로시마 고등사범학교에 최초의 한국인 유학생이 되었다. 그 후 교원으로 근무하며 우리말본의 초고를 만들고, 일본 유학생들의 하기순회강좌에서

1998년 제3회 환경의 날에 환경사랑 실천으로 장관상을 받았다.

강연을 하였으며, 교토대학 대학원에 입학 교육사상사를 연구하였다.

1926년 조선의 페스탈로치가 되겠다는 꿈을 안고 귀국, 연희전문학교, 이화여자전문학교 교수로 재직하여 우리말의 문법, 철학, 논리학, 교육학, 심리학 등을 강의하였다.

외솔님은 일생동안 수많은 일본식 한자어를 새롭게 우리말로 바꾸셨고 한글 교과서를 만드는 과정에서 특히 많은 말들을 만들어 오늘까지 쓰고 있는 것이다.

한겨레신문을 창간하여 한글전용 세로쓰기를 시작할 때까지 거의 모든 신문은 한글 한자를 병행, 가로쓰기를 한 것도 외솔 정신을 본받은 한겨레 기자들과 경영진의 한글사랑의 발로였다.

그 후 읽기 쉽고 쓰기 쉽고 알기 쉬운 한글 전용을 모든 신문이 뒤따른 것은 오랫동안 우리글 우리얼을 위해 투쟁해 온 국민들의 승리였던 것이다.

외솔님은 '글자의 혁명' 머리말에서 '소수의 특권 계급만이 배울 수 있는 봉건적 글자인 한자를 완전히 물리쳐버리고 우리 민족의 글자인 한글을 가로쓰기로 하여 배달겨레의 생명을 영구히 발전시키자고 하였다. "나도 가슴에 가득한 붉은 마음과 뜨거운 정성으로서 이를 현재 삼천만 동포에게 외치며, 미래 무진수의 민중에게 이른다."고 하였다.

2. 참담한 우리 현실

외솔의 정신을 이어받은 국민은 아주 많은데 그중에 72세의 치과의사 이병태 박사는 40년 넘게 치과용어 16만개를 정리 치의과사전을 만든 분도 있고, 외솔회, 한글학회, 세종대왕기념사업회, 한말글사랑 한밭모임, 우리말 우리글 등 수많은 단체들이 한글사랑을 실천하고 있으며, 우리 고장에도 욱모 유동삼, 작가 김우영, 금강일보 상무이며 총괄국장인 윤성국, 김용복 극작가가 중도일보 등에 우리말 우리글을 오랫동안 연재하고 있다.

그런데 우리의 최고 지성인 집단 사법부에선 어떤 글을 쓰고 있는지 알아보니 '불상의 방법으로 기망해 경락을 경료했다.' 이 말은 '알 수 없는 방법으로 속여 매각을 마쳤다.'는 뜻으로 너무 쉬운 우리말을 안 쓰고 일제가 쓰던 법률용어를 그대로 쓰고 있어 통탄할 일이다.

사법부는 모두 고등고시란 어려운 관문을 거쳐 육법전서를 잘 아는 최고 엘리트 집단이라 판검사뿐 아니라 국회의원과 장차관 고위직 인사가 아주 많다. 그런데 알쏭달쏭한 용어, 아주 어려운 법률용어, 한 문장이 원고지 4장이 넘기도 한다는데 다시 한글공부부터 해야 할 것 같다. 심각한 것은 '유전무죄, 무전유죄'가 사실로 판명났다는 사실이다. 대법관 등 요직을 거친 변호사는 전관예우란게 있어 그 변호사가 맡은 소송은 거의 다 승소한다는 게 정설이다. 허재호 전 대주그룹 회장의 하루 감옥살이비가 황제 노역으로 일당 5억 원을 판결한 지역법관(환관)은 국민을 참담케 하였다. 국무총리 후보자였던 안대희는 하루 수임료가 무려 1천만 원으로 대법관 출신 전관예우의 표본이었다. 이런 파렴치한 분을 국무총리로 추천한 분이나 또 총리가 되겠다고 한 후보자의 뻔뻔함에 기가 막힌다.

우리나라가 유독 부정부패가 심하고 총리나 장관 등 청문회 나가길 꺼려 요직을 사양하는 지도자들이 많다는 것은 부정비리가 보편화되었음을 의미한다.

썩지 않은 곳이 없으니, 전관예우는 조직적인 법피아, 관피아, 세피아, 교피아 등 한 덩어리가 되어 부귀영화를 누리고 있는 현실이라 더욱 걱정이고, 공기업의 운영은 부실하고 빚투성인데 임원들의 성과금은 상상 이상으로 높고, 대우도 엄청나게 높게 받는 것도 공기업 부채 증가가 증명하고 있으나 처벌도 가볍다. 전남 함평군수는 한 시간에 10대도 안다니는 자전거도로 만든다고 1조원을 쏟아 부었고, 학술연구회 이사장 박상은 국회의원은 30여 곳의 기업으로부터 30억원 뇌물을 받았고, A대 치대 교수는 박사 · 석사 학위장사로 3억 원 챙기고, 서울 S공고 교감은 정교사 채용장사로 3,500만 원을 받았다.

이 밖에 크고 작은 부정비리는 날마다 신문·방송에 계속 쏟아지고 있는데 요직에 있는 분들일수록 더욱 심하니 이 나라의 앞날이 캄캄하다.

500년 조선이 망한 가장 큰 이유는 부패한 관료, 양반들 때문이었는데, 해방된 조국에도 요소요소에 부패의 씨앗이 뿌려지더니 결국 관피아 등 부패한 관료들이 세를 이루기 시작했다.

1970년 김지하 시인은 부패한 관료 등을 '오적'이란 시로 풍자적으로 썼는데, 100일 복역 후, 민청학련 인혁당 사건에 연루되어 2,206일(6년)을 감옥살이를 해야 했다. 정권에 도전한 시인은 미움을 샀다. 인혁당 사건이 고문으로 조작된 사건이었기에 결국 거의 무죄판결을 받았으나, 정신적 신체적 환청 환각 등 고통을 겪었고, 아내와 자녀들은 제대로 살 수 없는 세월을 보내야 했다. 김 시인은 35억 원 배상소송을 청구하였는데, 44년 동안 정의는 침묵했고, 부패는 더욱 극성을 부렸다.

김 시인은 대통령 선거 때 박 대통령을 지지한다고 선언한 것도 이제야 세상사는 법을 알았기 때문이 아닐까? 참으로 오랜 세월 애 많이 썼다.

그런데 이 나라는 아직도 구태를 버리지 못하고 TK, PK 일색으로 요직을 모두 차지하고 있으면서도 통합 화해를 외치니 한심할 뿐이다. 제자의 논문을 표절한 사회부총리 겸 교육장관 후보자 김명수, 송광용 신임 대통령 문화수석 비서관 등이 한심하다. 그것도 모자라 일제식민지배와 남북분단이 하나님의 뜻이라며, 위안부 문제에 대해 일본으로부터 사과를 받지 않아도 된다는 매국노 같은 문창극을 총리 후보로 추천한 박 대통령이 측은하다.

제주도 4.3사건은 이미 특별법으로 제정되었는데 공산주의자의 폭동이라고 폄훼하는 것도 이상하고, 한민족을 폄훼하는 여러 말들을 들으면 역사관, 민족관이 용납할 수 없다. 결국 사퇴했지만 박 대통령은 한국민 모두의 대통령임을 모르는 것 같다. 지지해준 51%의 국민과 새누리당의 대표같이 인물을 전국적으로 뽑지도 않고, 수첩에 적힌 아는 사람, 법조계 PK 출신인 비서실장 등 몇몇이 추천인사를 지명하는 것 같다. 안쓰럽다. 낙마 또 낙마 총리도 못 뽑는 대통령은 국정공백 장기화로 나라 걱정이 태산 같다. 원희룡, 남경필 지사같이 야당과 연립정권을 만들어 행복한 도정을 펼치겠다는 인사들과 또 야당과도 협의하는 자세가 필요하다.

일찍이 세종대왕은 정적도 능력에 따라 정승으로 모셔왔고, 외솔도 자기를 폄훼하는 학자들과도 손잡고 조선어학회를 같이 이끌었던 아량과 포용력이 필요하다. 정 총리가 물러나겠다고 해서 식물총리가 된지 2달 가까이 지나서 하는 수 없이 다시 지명했는데 총리 하나 제대로 뽑지 못하는 나라라 안쓰럽다. 북한문제, 일본·중국문제 등 산적한 외교에도 악영향을 끼치지 않을까 우려된다. 마음을 비우고 나 혼자 국정을 이끌겠다는 욕심 버리고 국민의 소리, 민심에 따라 여러 사람의 의견을 경청하기 바란다.

3. 나라 사랑의 길

외솔은 일제암흑기에 민족정신의 지표가 되었으며, 해방 후 격변기엔 교육자로서 사상가로서 나라 건지는 교육, 나라사랑의 길, 한글의 혁명 등 수많은 저서를 내고 강의를 계속하였다. 겨레의 나아갈 길을 밝히고 국민의 가슴 속에 나라사랑, 인간사랑을 심어준 것은 수많은 학자와 단체들이 생겨나게 했다.

2012년 566돌 한글날을 기념하여 외솔회는 나라사랑 121집을 발간하였다. 외솔, 만해, 단재, 한흰샘, 면암 등 55 목록이 있고 단행본 121권이 있다. 계간 나라사랑을 발간 30돌 기념으로 55집까지 영인본을 배본 개시했고, 34회까지 외솔상을 준 것도 자랑스럽다.

성낙수 외솔회장의 책머리 글이 음미할 내용이다. '한글공정' '소가 웃을 일이다.'고 한 내용은 지금 중국에선 한자가 비능률적이며 비과학적인 어려운 문자이기에 첨단기기를 만들어도 팔기가 어렵다고 판단, 한글을 뺏어다가 이용해서 팔아먹자는 '되놈식' 발상을 하고 있다는 것이다. 중국정부가 자국내 소수민족 언어에 대해 표준을 정립하겠다는 명분으로 스마트폰과 입력 방식의 국제표준 제정을 추진하고 있단다.

그동안 우리는 한글의 고마움을 전혀 깨닫지 못하고 "국 · 한문을 혼용해야 하고, 한자를 초등학교 때부터 가르쳐야 한다. 영어를 공용화해야 한다."는 등 별의별 해괴망칙한 말들을 쏟아놓더니, 이제 글자까지 뺏기게 되었는데 그들은 무슨 말을 할는지 궁금하다.

'중국이 한글을 위협하고 있습니다.'라는 제목으로 서명운동을 하는데 수만 명에 달한다는 누리꾼들이 인터넷의 포털사이트를 보니 든든하다. 그들은 '하루빨리 우리가 먼저 한글 입력 표준을 제정해야 한다.', '이를 계기로 한글을 소홀히 대했던 태도를 바로 잡아야 한다.' 등의 반응을 보이고 있다니 불행 중 다행이다.

우리 정부가 적극 나서서 '소 잃고 외양간 고치는 짓'이나 저지르지 않을까 걱정이라고 했다. 영어가 우리 생활 속까지 점령하여 범람하는 것도 큰 문제이고, 대책이 필요한데 우리가 할 일이다. 모 단체가 '국어기본법'의 한글전용정책이 위헌이라며, 헌법소원을 냈는데 중요인사들, 연로하신 분들이 많은데 언어와 문자, 국어정책에 대해 오해하고 있는 듯하다.

우리의 빛나는 문자 한글이 우수하기 때문에 컴퓨터, 이동전화 같은 문자기기는 우리의 것이 세계 제일인 것이다.

눈부신 물질문명의 혜택을 받고 우리의 빛나는 문자와 문화가 한류시대를 만들고 있으니 외국인을 위한 문자, 문학교육을 세계 각국으로 보급하는 데도 정부나 우리 모두 힘써야 하겠다.

특히 남북분단, 휴전 무시, 남북 전쟁 위협 속에서도 개성공단의 재생을 위한 정상화의 타협의 길이 있듯이 2010년 이후 4년간 전면 중단됐던 겨레말큰사전 남북공동편찬사업이 재개된다는 반가운 소식이다.

전쟁! 더구나 핵전쟁!

이것만은 어떻게든 막아야 한다. 우리의 지혜와 슬기, 양보와 용기, 인내와 협조 나눔과 봉사 등의 세종과 외솔 정신을 본받아 나라사랑 인간사랑을 실천할 때 공존평화와 한국인의 행복이 올 것이다.

국민의 행복

교황은 많은 어린이의 이마에 입을 맞추고, 장애인의 손을 어루만지고 죽고 싶을 만큼 괴로움 속에 사는 세월호침몰참사 유가족들의 하소연을 경청하셨다.

특별법 제정에 힘 보태달라는 유가족과 생존자의 말에 연신 고개를 끄덕끄덕 "기억하겠다."고 하셨다.

대전 미사에서 "물질만능, 이기주의, 무한경쟁 풍토를 배척해야 한다."고 100만 명이 함께 드리는 기도에서, 위로와 치유와 배척할 것을 분명히 말씀하셨다.

전 세계, 우리 한국인이 천주교인이 아님에도 교황을 열광적으로 경애하고 보려고 하는 이유는 뭘까?

지금 세상이 행복하지 못하기 때문이며, 특히 이 나라는 위험수위에 있을 만큼 불안하고 분통터지는 일들이 연속 일어나, 국민 모두가 불행하다고 느끼기 때문이다. 국민을 안심시키고 한국인의 정신을 황당한 논란에 빠뜨린 사건이 연속해서 일어나건만, 청와대와 집권 여당은 신속 정확하게 진상을 밝히지도 않고, 책임자 처벌도 않고, 엉뚱한 말만 하면서 허송세월하는 것도 안타깝기 그지없다.

척결하겠다는 관피아 등은 더욱 극성스럽게 국민의 혈세를 낭비하고, 총리, 장관 등 청문회에 나온 인물들은 오적에 끼거나 범법행위 안한 사람이 한 사람도 없을 정도니, 대한민국에 이런 사람들 밖에 없단 말인가?

대통령은 정적과 연립정책을 펼치고 야당과도 협의하여 고위직을 임명하길 바란다. 일찍이 세종대왕은 자기의 정적인 황희를 정승으로 모셔 18년간 나라를 통치케 하고, 세상에서 가장 위대한 한글을 창제하고 측우기, 해시계, 아악 등 과학 예술 발전에 인재를 최대한 활용하여 성군 소릴 듣고 있다.

충무공 이순신 장군이 12척의 군함으로 일본의 수많은 군함을 물리친 천만의 용기, 백의종군 하면서도 오로지 국민만을 위한 위대한 애국심을 본받아 정치인들이 이 난국을 헤쳐가길 소망한다. 외솔 최현배 선생은 종이 한 장, 승용차 타기도 공사를 분명히 했고, 반대자와도 한글학회 운동을 같이 했으며, 큰 며느리는 전라도에서 대려와 영호남 지역감정 해소에 모범을 보였다.

왜 청와대는 고위직 대부분을 영남에서 구하고 전국에서 찾지 않고, 시간만 질질 끌며, 교육혁명, 정신혁명, 책임자 척결 등 말만 하고 행동을 안 하는지 답답하다.

불행한 국민을 위로하고 행복하도록 모범을 보이는 것은 청와대와 집권세력만이 가능하다.

대통령은 모든 국민의 어른이지, 정부와 새누리당의 총재, 대표가 아니기에 국민, 야당, 언론계의 소리를 경청하고 그대로 실천하면 되는 것이다.

어떻게 국민을 행복하게 할 것인가?

나는 모든 국민에게 태안 천리포수목원에 가서 보고 깨달은 것을 전하고 싶다.

입장료가 8천원이라, 관광버스 기사들이 잘 오지 않는 것이 큰 흠이지만 일단 입장만 하면 새로운 세상이 보인다.

수중의 꽃, 수상의 꽃, 만 가지 꽃향기에 흠뻑 젖을 수 있고, 멸종 위기의 매화나무, 가시연꽃을 비롯하여 꽃 속의 꽃 등 신비로운 꽃들이 수두룩함에 감탄한다. 한국은 물론 세계에서도 공인한 꽃천국 천리포수목원은 누가 만들었을까?

1945년 미국 해군장교로 온 민병갈은 한국인으로 귀화 입산(立山)이란 호와 함께 한국명으로 이름을 짓고, 주민들과 함께 18만 평의 황무지에 꽃과 나무를 심기 시작했다.

7가지 색깔의 수국, 돌연변이의 나무, 한쪽은 정상 한쪽은 기형인 나무, 밀어를 속삭이는 듯한 닛사 실버, 열매 없는 수나무, 수국화 등 아름답고 예쁘고 세상에서 보기 어려운 수목들을 구하고 심고 가꾸기 수십 년, 그는 모든 재산을 천리포수목원 재단에 기증하고 갔다. 갈 때 사랑하는 나무의 밑거름이 되겠다고 수목장을 하도록 하고 저승으로 갔다. 지금 한국의 산야엔 영원히 흉물로 남을 묘비, 묘석, 돌조각이 나날이 늘어나 무덤과 함께 금수강산이 묘비, 묘석 천국이 될 날이 머지않았다. 채명신 장군처럼 일반병과 함께 묻힌 그 정신을 본받아 국토관리에 더 관심을 가져야 한다.

내년엔 광복 70년 행사를 남북 함께 준비하고 예산을 최대한 확대하고 북한 농촌생활환경개선과 정치 · 군사적인 큰 통일로 가도록 하는 통일정책을 지지한다.

이 나라는 동방의 태양, 쉽게 무너질 수 없는 위대한 민족이며 지혜로운 국민, 순리대로 사는 국민들이 많기에 언젠가는 통일이 오고 함께 잘 사는 나라가 될 것이다.

논개의 혼불

거룩한 분노는 종교보다도 깊고
불붙는 정열은 사랑보다도 강하다.
아, 강낭콩꽃 보다도 더 푸른
그 물결 위에 양귀비꽃보다도
더 붉은 그 마음 흘러라. (이하 생략)

변영로 시인이 일찍이 논개를 찬양하는 시를 발표 했으나, 시만 교과서에 수록되었을 뿐 유관순 열사나 신사임당에 비하면 너무나 홀대 받고 있다.

2017년 9월 22일부터 사흘간 대전뿌리공원에서 열리는 효문화뿌리축제 때, 논개가 시낭송극으로 공연되었다. 솔바람 시낭송회와 대전시낭송인협회가 공동으로 제작 '하늘에 닿을 논개의 절개'를 공연하는데, 이완순 소설가가 극본을 쓰고, 김용복 극작가가 기획 김선호, 김용진 연출과 감독 등 15~9명의 연극인이 출연했다.

제9회 대전효문화 뿌리축제 때 논개의 혼불 시극 공연을 마치고 출연자들과 중구청장이 기념촬영을 했다.

시낭송극을 준비하는 팀원들은 "논개의 사당이 있는 생가를 방문해보자"는 의견이 일치되어 여름에 논개의 고향인 전북 장수군을 찾아갔다.

장수읍의 의암공원에 있는 주논개의 생가와 사당을 방문하니, 찾아오는 사람이 없어서 매우 썰렁했다. 찾아오는 관광객이 없는 건 존경할만한 분이 못된다고 생각한 때문일까? 아니면 아직 널리 알려지지 못한 때문일까?

그래도 논개 생가와 사당은 전두환 대통령 집권당시에 수몰되는 논개의 생가를 이전, 신축했다고 기록되어 있다.

논개는 갑술년(甲戌年) 갑술월 갑술일(1574년 9월 3일) 술시에 태어났는데, "개해, 개월, 개일, 개시에 태어났으니 개팔자로 살아라." 그의 아버지 주달문은 그래서 이름을 논개로 지었다고 한다.

그러나 논개의 삶은 순탄치 않았다. 방실방실 웃으며 아장아장 걸을 때 아버지가 세상을 떠났다. 의지할 곳 없는 논개 모녀는 숙부 주달무에 얹혀살았는데, 숙부는 조카 논개를 토호 김중헌에게 민며느리로 팔아 넘겼다.

뒤늦게 이런 사정을 알게 된 논개는 지적장애인의 뒤치다꺼리나 하며 평생을 보낼 수 없다고 생각하여 친정으로 도피했다. 그러나 논개는 김풍헌의 고발로 관가에 잡혀갔는데, 최경희 현감은 논개를 무죄 방면하였다. 하지만 갈 곳이 없는 논개는 참방 관리에게 맡겨졌다.

1590년 최경희는 논개를 부실로 삼았으나, 그의 어머니가 서거하자 관직을 내놓고 고향으로 내려갔다. 16세의 꽃다운 나이에 첩실이라 따라 가지 못하고 홀로 지내야 했지만 최현희 현감의 은혜를 잊을 수가 없었다.

1592년 임진왜란이 일어나자 시묘살이를 하던 최경희도 상복을 입은 채 거리로 나와 의병을 모집했다. 화순 광주 정읍 전주를 거쳐 장수까지 최경희는 의병장이 되어 싸웠다. 대승도 했으나 1593년 진주성이 함락 당하자 대역죄를 졌다고 남강에 투신하였다.

논개는 남편 최경희의 전사 소식을 듣고 관기로 위장하여 진주 남강변에서 열리는 일본군의 전승축하연에 참석해서 적장 '게야무라 로구스게(毛谷村六助)'를 유인하여 끌어안고 의암호에 뛰어내렸다.

스무 살의 나이에 목숨을 버린 주논개의 혼불은 나라사랑의 실천이 아닌가?

국민의 가슴에 충효사상이 각인되어야 할 것이다.

남편의 원혼을 달래고 나라를 위해 목숨을 헌신짝처럼 버린 한국인, 여성이 얼마나 되는가?

孝 없는 忠, 忠 없는 孝가 없으니 주논개는 忠孝義人이 분명하다. 주논개의 혼불이 길이 빛나리라.

빗나간 모정

아이들과 노인들이 웃으며 잘 사는 낙원을 만들겠다고 노래와 고전무용에 마술까지 배워서 인형극과 함께 보여주던 대전금빛평생교육봉사단 이권사는 지금 어디에 있을까?

천진난만한 아이들보다 더 좋아하며 나와 함께 14년간 봉사활동도 하고 같은 교회에 다녔던 이권사가 요양병원에 입원했다는 소식을 듣고 달려갔다. 그러나 요양병원 현관에도 못 들어가고 문전박대를 당하였다. 그 다음날 감리교 중앙교회 박목사님과 같이 병문안을 갔으나 면회는커녕 통화도 못하고 되돌아왔다.

나와 이권사는 대전금빛평생교육봉사단에 같이 입단하여 중증장애우 시설 '되살미'를 비롯하여 노인대학 등 여러 시설을 위문공연 다녔던 때가 엊그제 같다.

대전 대덕구노인복지관에도 함께 가서 재능기부를 하였으며 공주, 옥천은 물론 일본 고베시까지 가서 문화교류도 하고 여러 곳을 관광하기도 했던 친구다. 우리는 늘푸른예술단을 창단하고

전화는 한 통화 했으나 행방을 알 수 없는 이진자 권사. 한때는 전국대회에서 에어로빅팀이 대상을 받았건만 어느 병원에 입원했는지 아무도 알려주질 않는다.

공연과 함께 생활체육도 연수하여 대전 대회는 물론 전국 생활체육 대회에서도 에어로빅 부문은 최고상을, 댄스스포츠 분문은 은상을 받기도 하고 합창은 장려상을 받기도 했다. 어디 그뿐인가?

'복 받는 노인대학'에서는 80여 명의 노인들에게 노래와 체조 건강상식을 가르쳐주고 6년 동안 함께 돌보아 주며 그 많은 봉사활동을 함께 하던 친구였는데, 그는 아파트에 홀로 살면서 상가 임대료를 받아 걱정 없이 살고 있었다. 그러다가 딸과 재산 문제로 다투다가 구타당하여 억울하다고 고소했으나 기각 당했다고 했다.

그 이유는 몇 년 전 정신병원에서 치료 받은 병력이 있기 때문이라고 했다.

놀라운 것은 남편과 사별하고 어려서부터 애지중지 기른 자식들이 요양병원에 강제입원 시킨 뒤 외부인들과 면회도 안 시키고 전화통화도 못하게 하고 있다. 이권사의 유일한 친구가 나뿐이란 걸 알고 나는 국민권익위원회, 법률구조공단, 보건복지부에 진정서와 탄원서도 제출 했으나 별무신통하여 딸들이 회개하고, 어머니에게 자유를 주길 기원할 뿐이다.

한글, 한류 타고 세계로

'유네스코 세종대왕 문해상'은 인류의 문맹률 낮추는데 공을 세운 단체나 개인에게 수여하는 상 이름이다. 세계인의 최우수 문자로 인정한 한글은 소리문자로서, 어느 나라의 말이든지 소리 나는 대로 적을 수 있는 과학성이 유독 돋보이는 언어다. 정보통신시대에 한글은 풍부한 언어생활과 재미있는 소통에 도움을 주는 보배가 되었다. 인터넷 통신 언어가 대중적으로 확산된 지 벌써 20년이 흘렀다. 처음엔 한글 파괴의 주범으로도 몰렸으나 이제는 상황이 다르다. 노년층도 통신 언어를 접하는 기회가 늘었다. 스마트폰으로 시간과 장소를 가리지 않고 편하게 모바일 인터넷을 이용한다.

한자나 일본어로는 재미를 누리기 어려우나 한글 모아쓰기 방식은 긴 표현을 짧게 줄이는데도 유리하다. SNS에서 한글을 재미있게 효과적으로 쓸 수 있는 것도 한국인에게 크나큰 행운이 아닐 수 없다.

한말글사랑, 외솔회, 국어교육연구회 등 한글운동을 평생하였다.

미국 코리아타운에 있는 뉴욕 한국어교육원 관계자는 '한국 대중음악(K-POP)과 드라마가 좋아 한국어를 배우려는 미국인이 해마다 늘고 있다.'고 하고 2천 년대 중반 이후 불기 시작한 한류열풍이 한국어학습 열기로 이어지고 있다고 한다.

삼성, 현대자동차 등 글로벌 기업의 활약과 한류열풍이 한국어공부에 대한 인식을 바꿔 놓았다는 것은 미국 초등학교 한국어방송이 2배로 뛰었고 뉴요커들은 "한글이 너무 예뻐" 열공하고 교포자녀들도 모국어에 대한 자부심을 갖게 됐기 때문이라고 한다.

한국어 열풍은 세계 전역으로 확산되고 있는데 몽골에서도 3년차 '한국어 스마트교실' 사업이 활력을 받아 몽골서 교육한류 확산에 기여하고 성공적 ODA(Official Development Assistance)

가 외교자산을 늘렸다고 평가된다. 교육한류를 선도하는 경기도가 열정을 쏟아 한어스마트교실 사업이 더욱 발전할 것 같다. 한국은 지구촌 한국어 교실 외국인에게 한국어교육봉사하는 시민이 늘어 반갑기 그지없다.

그런데 남북은 한글을 함께 사용하는 한민족이 틀림없으나 오랫동안 고착된 정치체제와 사회제도의 차이 때문에 알아듣기 어려운 어휘도 많고, 표준어와 문화어로 지정하여 사용하고 있다.

한국은 1945년부터 10월 9일을 한글날로 북한은 1월 15일을 훈민정음 창제일로 정하였으나 민족의 말글은 한뿌리이기에 남북언어 통합도 추진해야 할 우리의 사명이다.

대전의 뿌리공원엔 효문화체험학습관이 있어 수십만 명이 뿌리공원 축제와 성씨 조각물 박물관이 있어 관광을 온다.

그런데 체험관 입구 측면에 손수자 선생의 추사체 한시 작품이 12편이 전시되어 있는데 하단에 작은 글씨로 해설이 쓰여 있으나, 잘 보이지 않고 작품은 한학자 외에는 읽을 수 없는 난해한 글이다.

유치원, 초등학생 체험관에 효행에 관한 사진, 그림, 시, 시화는 시급히 교체돼야 할 것이다.

소중한 삶, 좋은 세상

나는 사경을 헤매고 있었다.

"여보, 죽더라도 자식 대학이나 졸업하고, 결혼이라도 시키고 죽어야 할 게 아녀요?"

내가 병상에서 죽음 바로 앞에까지 왔을 때, 누구보다도 나의 병세를 정확히 아는 아내는 딸을 제일 걱정하며 조금만 더 살아 달라고 하소연을 여러 번 하였다.

"그게 어디 내 마음대로 돼요?"

나는 씁쓸히 웃으며 아무 말도 못하고 죽을 준비를 하나씩 해 나갔다. 그 중에 하나는 5년짜리 재형저축을 해약하고 10여 년간의 연금을 소급해 넣는 일도 있었다. '후유, 이제 죽더라도 연금은 조금 더 타게 되겠지….'

이게 내가 떠난다면 가족을 위하여 할 수 있는 마지막 선물이었다.

내가 배 아픈 병이 든 것은 십여 년 전인데 나는 대수롭지 않게 생각하였고, 친구인 약사도 위염이나 위궤양일 테니 약이나 계속 먹으라고 약을 지어 주었다. 얼마쯤 지나가면 괜찮아서 그럭저럭 지내기를 몇 년 계속하다가 타향살이, 섬 생활 6년을 마치고 고향에 돌아온 지 일주일 만에 위출혈로 응급실에 실려 갔다.

한 달간 입원을 했다가 퇴원, 일 년 후에 재발하여 또 입원, 또 재발하여 입퇴원을 세 번하고 나니 손발이 떨리는 충대병원 의사의 파킨슨증후군이란 진단도 받았고 여러 가지 합병증도 얻었다.

'이것 암만 해도 암이 아닐까?'

나는 자꾸 아파오는 배를 어루만지며 공포감과 불안감에 휩싸여 끙끙 앓기만 했다. 암이란 사형선고를 받을까 봐 암 검사 할 엄두도 내지 못하였다.

교단을 떠난 지 십년 만에 다시 복직한 교단도 다시 그만두려고 했더니 친구와 선배가 말려서 겨우 겨우 학교에 나가고, 우유부단하게 죽을 날만 기다리고 있었다.

'좀 더 잘 할 걸….'

모든 게 죄스럽고 후회뿐이었다.

"하루 종일 말 한마디 하지 않고 신문만 보니 답답해서 애들만 아니면 도망치고 싶을 때도 많았지."

아내가 친구들 계모임에서 하는 말을 듣고 그저 미안함뿐이었다. 절망의 늪에서 빠져 나온 것은 새로운 기분이 하나씩 싹트면서부터이다. 아내의 노력으로 새집으로 이사를 했고, 5년 만기로 새 학교로 전근을 했고, 아동문학연구소에서 글짓기 교실을 내주었고, 옥미조 순리원 원장을 만나 순리치유 연수교육을 받으니 차츰 차츰 호전하여 잃었던 건강을 되찾기 시작하였다.

아내도 순리 연수교육을 받고 지압을 해주며 자기도 그대로 실천하니 8가지 병으로 일주일마다 나와 같이 병원을 몇 년 동안 다니던 고되고 처량한 신세를 면하게 되었다.

새로운 삶을 찾아준 옥 원장은 누구인가? 독학으로 순리사상, 철학, 의학을 배워서 10여년 걸려야 의학을 배우고 남의 병을 고쳐주는 의사가 되는 데, 그 어려운 의학을 10시간에 축소시켜 알려주는 현직 교장이며 아동문학가이다.

나는 대전과 충남북의 어려운 환자, 위암, 간암, 폐암, 중풍, 정신 장애인 등 여러 환자와 보호자들을 맞이하게 되었다.

나는 아주 단순하고 쉬운 순리치유법을 되도록 여러 친지들에게 알려주려고 하나 관심을 갖고 적극적으로 배우려는 분이 없는 것이 안타깝다. 이유 없는 사고가 없듯이 병이 나는 것은 무엇인가 잘못하고 있기 때문이다. 건강 관행, 버릇, 습관을 고쳐야 하고 의학에 대해 더 배우고 배운 것을 실천한다면 병약한 국민, 늘어나는 의료비는 훨씬 줄일 수 있을 것이다.

나는 내 삶이 소중하듯이 남의 삶도 소중함을 알기에 도움 되는 일이라면 언제든지 누구든지 순리치유법을 가르쳐 주고, 건강하고 밝은 모습으로 사는 것을 보고 싶다. 일생일사(一生一死)는 철칙이기에 건강한 삶은 더욱 소중한 것이 아닐까?

백 원짜리 행복

아내는 매일 열두시쯤 되면 문창시장 옆에 있는 무료급식소에 간다. 성당에서 운영하는데 100원짜리 동전 한 잎씩 받기에 무료는 아니라지만 가난한 이웃을 위한 선한 봉사를 하는 것이다.

완전한 백발에 꼬부랑 허리, 손수레를 밀고 가는 아내도 장애가 있으나 살만하기에 가선 안 될 것 같은데 간다. 꿀맛 같다고 좋아라 가는데 오라는 곳도 갈 곳도 없는 아내가 매일 갈 수 있는 유일한 곳, 다리운동을 해야 좋다며 웃으며 가는 모습이 안쓰럽다.

하루종일 할 일은 이것저것 많으나 TV 보는 것이 유일한 낙이다.

이걸 먹고 저걸 먹었다며 신나게 얘기하며 누굴 만났다고 자랑하는 아내에게 나는 할 말이 없다.

승용차로 유성에 한 주일에 한 번 갈 뿐, 나는 할 일, 갈 곳이 많아 여기저기 쏘다니니 생각할수록 이건 아닌 것 같다.

100원짜리 행복 찾아가는 아내와 캐나다로 이민 가서 국제변호사가 된 딸 변선미와 토론토대학 3학년인 준하의 아기시절

건강만 하면 된다고 웃으며 또 이민 간 딸이 50대가 되어 변호사가 됐다고 성공한 인생이라고 자랑한다.

나는 아내에게 큰 피해를 여러 번 주었다.

사모님 소릴 듣다가, 화장품 행상, 식모살이로 추락시키기도 하고, 이곳저곳 이사 다니며 구천동까지 가서 천막치고 아이스크림 장사, 통닭 장사도 시켰으며, 13년 간 이십여 차례 이사도 하고 고생시킨 것은 나의 오판으로 퇴직하였기 때문이었다. 다행히 복직하여 또 섬에서 6년 근무하는 동안 남의집살이는 계속 되었고, 무주에 전학간 아들, 딸 키우느라 고생고생 하였다.

방 한구석에 딸이 1학년 때 쓴 일기장이 한 권 있기에 보니, 재미있게 썼기에 아내에게 보여주었다.

41년 전에 쓴 것이기에 캐나다에 이민 간 딸의 승낙도 안 받고 공개한다.

아내는 외국에 가서 독학하여 변호사 시험에 합격한 것을 대견해 하고 고마워한다. 이젠 성공했다고 자랑하며 아들이 50이 넘어서 아이도 없지만 원망 안하고, 살기 어려운 이 세상, 오히려 책임 없이 살다가는 것도 괜찮다고 이해한다.

고생을 많이 한 탓인지 모든 걸 긍정적으로 이해하는 아내에게 난 너무 야속한 놈인 것 같다.

〈41년 전 일기〉

1976년 1월 10일(금)

동화책을 봤다. 다 보고 나서 아럼콘을 먹었다. 방에 들어가 잠을 잤다. 나는 꿈을 꾸었다. 꿈에서는 내가 잉어, 엄마는 오징어, 우리 아버지도 잉어, 우리 오빠도 오징어, 내 친구는 멸치였고 내 친구 언니도 오징어였다.

1월 11일(토)

나는 오늘 만화를 보았다. 제목은 열세 살.

열세 살 먹으면 죽는 이상한 나라. 다른 나라는 일흔 살까지 먹으면 죽는데 열세 살 먹는 나라에는 의사도 없었다. 어른도 없고 열세 살이면 죽었다.

1월 15일(수)

냇물에 갔다. 얼음이 얼어있었다. 내가 뛰어들으니까 얼음이 움직였다. 얼른 나왔다. 집에 와서 아빠에게 10원을 달랬다. 나는 그 돈으로 만화를 보았다. 명랑한 소년의 활력을 보았다.

1월 16일(목)

우리 고양이는 참 예쁘다. 오빠는 고양이의 발을 밟았다. 고양이는 야옹, 야옹 하면서 밖으로 달아났다. 우리가 방에 들어가니 고양이가 야옹, 야옹 문을 열어 달라고 그랬다. 문을 열어주니 고양이는 팔딱 뛰어서 들어왔다.

1월 17일(금)

나는 오늘 마당을 쓸었다. 몇 분 안 걸렸다. 가게를 보는데 어떤 어른이 와서 몇 개를 맡겨놓고 갔다. 어째 수상하였다.

1월 24일

나는 오늘 동화책을 보았다. 다람쥐의 은혜였다.

할머니가 산으로 가는데 족제비가 다람쥐를 물고 달아났다. 할머니는 돌멩이를 집어 다람쥐를 살려주었다.

다람쥐를 데려다 같이 살았다. (이하 생략)

41년이 지난 지금 딸 선미는 공주사대를 나와 중등교사로 있다가 캐나다로 이민 가서, 이국땅에서 가이드도 하고 태권도장도 하고 상담사도 하다가 변호사 자격시험에 합격, 밤늦게까지 일한다니 기적 같다.

노근리

맑고 푸르른 가을 아침, 승용차를 타고 충북 영동군 노근리 평화공원을 찾아 가까이 갈수록 가슴이 저리다.

인류 역사상 가장 치열했던 한민족간의 전쟁으로 이 나라는 얼마나 큰 피해를 입었던가.

이긴 자도 진 자도 없이 휴전이 되었으나 이산가족만 1천만 명이고 전쟁고아, 미망인, 민간인의 사상자만 3백만 명이 넘는 엄청난 피해만 남긴 전쟁이었다.

일본국에서 해방된 우리나라가 38선 이남과 이북으로 분단되고, 북한 김일성의 남침으로 전쟁준비를 하지 않은 남한은 후퇴할 수밖에 없었다.

미군과 유엔안전보장이사회 결의로 유엔군이 참전했으나 후퇴를 거듭, 서울, 평택, 대전을 빼앗기고 남쪽 낙동강을 향하여 국민들은 피난을 하지 않을 수 없었다.

그런데 영동군 노근리에 주민들이 이르렀을 때, 상상할 수 없는 미군의 만행이 저질러졌으니, 하늘에서 미국 비행기가 폭탄을 터뜨리니, 쌍굴다리로 모여 들었고, 앞산과 뒷산에서 지키던 미군이 기관총을 쏘아대니 독안에 든 쥐처럼 주민들은 꼼짝 못하고 죽었다.

그 기관총 탄알자국이 지금도 쌍굴다리 양쪽 벽에 수백 발 남겨졌다. 그런데 더욱 괘씸한 것은 우리 정부도 모른 체 하였고, 미국은 "우리가 하지 않고 인민군이 저질렀어요." "그 안에 공산간첩이 있었어요." 등 엉뚱한 소리만 한 것이다.

그러나 비 오듯 쏟아지던 노근리 현장에서 총격을 벗어나 도망간 주민이 있었다.

그 날의 현장을 꼼꼼히 기록, 소설 '그대 우리 아픔을 아는가?'가 세상에 나오자 진실을 밝히라는 아우성이 퍼졌다.

미군 장교와 한국군이 현장 조사를 수차례 했으나 미국은 엉뚱한 핑계만 대다가, 2001년에서야 클린턴 미국 대통령이 잘못했다고 유감을 표명하였다. 끝끝내 사죄나 배상을 거부하자 우리 정부도 노근리사건 특별법을 제정하고 쌍굴 옆에 4만평의 대지 위에 노근리 평화공원을 조성했다.

소설로 진실을 밝힌 노인의 아들이 한국전력의 직장을 내 놓고 아버지가 세상을 뜨기 전에 한을 풀어 드린다고 동분서주하며 세상을 향하여 외친 결과였다.

후손의 미래를 위하여 인권을 위하여 노근리는 살아있다는 노래도 작곡하여 부르고, 조각공원을 만들어 예술로 평화에 대한 갈망을 표현하는 공연을 하였다.

영원한 미래를 위하여

국립 대전사범학교는 1943년에 개교하여 1963년도 본과 제15회 졸업을 마지막으로 폐교되었다. 그동안 4천5백여 명의 졸업생을 배출하면서 충청권은 물론 전국의 보통교육의 중추적인 역할을 했다. 국무총리, 국회의원, 도지사, 교육감은 물론 장군, 문화예술계의 거목들을 많이 배출하여 국가사회에 크게 공헌하였다. JP전 총리가 동문회에 일금 오백만원을 희사했고, 총동문회에서 모교에 자리한 충남고와 충남여고에 해마다 2천만 원의 기금으로 장학금을 수십 년 주면서 유대를 이어왔으나, 시골 초등학교에도 있는 동창회 사무실이나 후배도 없는 폐교된 학교였다. 더구나 2천만 원 장학금마저 일시에 나눠주어 인연도 끊어졌다.

이렇게 모교나 후배는 없어도 총동문회는 그런대로 금년까지 이어왔으나, 올해는 아무도 회장을 맡을 사람이 없어서 해체 위기에 처했다.

나는 누구보다 모교를 사랑하고 동문들의 돈독한 우의, 동방의

나는 2017년 국립대전사범학교 총동문회장으로 추대 받았다. 그리고 한국교육가족연합회를 창립 상임대표가 되어, 전국 지역 대표와 회장을 임명하는 등 큰일 하나를 하였다.

태양이라는 대사정신을 영원히 이어가기 위해 총동문회장을 맡았다. 누구보다 동문을 좋아한 문예교사로서 뜻을 펼쳐보고 싶었다.

나는 1999년에 대사문우회에 참여하여 소식지와 함께 문예작품집, 대사회보를 발간하였고, 이어 대사고개, 예우, 사우단심으로 통권 53호를 발행, 편집하는데 기여하였다.

대흥동에 있는 창의문학관은 한철수 관장이 개인의 건물을 문예 발전을 위하여 개관한 정성이 고마워서 그곳을 대사인(대전사범학교 졸업생)은 물론 모든 시민의 즐거운 배움터, 쉼터, 사랑방으로 활용하겠다는 언약을 받았다.

첫째, 대전대학교, 중구청, 여러 문학예술단체와 협약을 맺어 평생교육의 장으로 만남의 장소로 만들겠다.

둘째, 대사인은 물론 모든 스승들과 제자들 학부모들이 함께 문화예술체육과학을 배우며, 가르치기 위해 한국교육가족연합회를 창립하여 국민들의 건강과 행복한 삶을 위해 기여하겠다. 우리는 영원한 한국인으로 위대한 세종대왕과 함께 한글과 과학기술예술을 발전시킨 집현전 학자들같이 장영실 등 인재를 발굴하고 육성할 것이다.

어느 멋진 성탄 선물

– 충대병원 합창단 어울림

의사 성악가가 병원 로비에서 우정의 노래를 독창하는데 사방팔방에서 수십 명의 성악가들이 노래를 따라 부르며 어울려 합창을 한다.

의사, 간호사, 직원들이 함께 어울려 휠체어를 탄 환자들, 보호자들 그리고 초대받은 시민들을 위하여 즐겁게 노래 봉사하는 모습이 아름답다.

서은숙 교수가 피아노를 치며 지휘하고 여러 팀이 어울려 '눈, 떠나가는 배, 10월의 어느 멋진 날'에 등 멋지고 아름다운 노래 합창에 환자들은 손뼉을 치며 환호하는 모습, 평생 처음 보는 감동이다.

중구문학 김우영 회장의 아내 김애경 성악가가 5층 병실에 입원하였다가 같이 공연하는 것을 보니 반갑고도 미안하다.

우리는 한국문화해외교류협회, 한국교육가족연합회 모임이 있을 때 자주 공연하였고, 김애경 성악가의 노래를 들었던 기억이 새로워진다.

나를 초대한 극작가 김용복님이 사모님과 함께 와서 김우영,

늘푸른예술단 대표 김금자, 단장 변상호가 전국생활체조 경연대회에서 대상을 받았다.

김애경을 속삭이며 위로하는 모습도 좋다.

우리는 나명훈 단장과 인사를 하고 어울림 합창단이 2014년 창단 매년 8회의 펀치콘서트를 하여 바쁜 일상 속에서도 아름다운 음악을 통해 몸과 마음을 재충전하고 즐겁게 봉사한다는 말을 들었다. 예술을 통하여 시민들과 환우들의 마음을 위로하고, 음악 치료에 도움 되는 일을 아주 많이 해주기를 바란다. 아쉬운 점은 대중가요는 '만남' 밖에 없는데 더 수준 높은 대중가요가 나와 합창단이 자주 들려줬으면 좋겠다.

제2부

—

창의예술과학

창의예술로 교육혁명

우리 민족이 해방된 지도 72년이 지나간다.

그런데 역사의 비탈길에 서서 갈팡질팡하는 모습이 안타깝다.

최우선은 남북이 화해할 때가 되었다. 사랑, 자비, 화합을 기원하며 날로 고조되는 한반도 위기를 해소하는데 더 힘쓰자.

희망찬 새해 여는 음악과 춤과 그림과 예술인들, 과학, 기술 창의적인 과학자들이 서로 만나자. 모임을 갖고 융합하여 저성장 양극화 늪에 빠진 한국을 구하자. 예체능의 생활화에 과학기술의 힘으로 교육을 바꾸고 세상을 바꾸자. 국공립 유치원을 5년간 3,600곳으로 늘리고 정부가 재정을 전부 지원하여 공영형 사립 유치원을 전국에 동네마다 세우자.

저출산 고령화 시대를 맞아 위기의 한국을 구해야 한다. 새출발하는 국가교육회의에 큰 기대를 한다.

삶이 풍요로우려면 평생학습사회를 구현해야 한다. 대전평생교육원, 시민대학에서 성인들의 배움을 계속 이어갈 수 있도록

호수돈여고, 둔산중학교, 삼성초교 등 찾아가는 문화예술 순회교육을 대전시의 지원을 받아 병평섭, 한상수, 김영훈 등 작가와 함께 하였다.

최선을 다하는 모습이 좋고 다양한 프로그램을 운영하는 것도 좋은 일이다.

특히 개인과 기업들에게 문학관, 과학관을 세울 수 있게 지원하고 유아교육부터 대학교육까지 혁명적 변화를 시켜야 한다.

부끄러움도 모르는 한국인, 사기꾼 천지, 인신매매, 부정부패, 성차별, 혈세낭비, 학대, 자살 등 나날이 늘어나는 범죄 예방을 위해 국가도 더 노력해야 하고, 교육도 혁명적으로 변화해야 한다.

인간과 자연을 사랑하며, 약자와 소외계층, 장애인들을 위한 지원은 더욱 늘리고 괴롭힘, 따돌림, 학교폭력 등은 제1우선순위로 대책을 세워야 한다.

인성교육과 함께 창의교육을 강화해야 함은 과학기술이 예술과 융합할 때 창조경제가 창출될 수 있기 때문이다. 로봇공학을 신설하여 지원해야 한다. 창립한 한국교육가족연합회는 모든 스승, 제자, 학부모들이 토론, 연구하여 유아부터 대학생, 유아부터 노인들까지 의식개혁을 시키려면, 교육내용과 환경을 바꿔야 한다. 공연예술, 사회문제, 과학기술도 국가가 적극 지원하고 시민들이 자발적으로 일치단결할 때 새 시대가 온다. 우리는 문화의 주체가 되어 지식과 경험을 바탕으로 새로운 일자리 창출, 실업문제, 해외진출, 관광산업 등 다방면으로 창의적인 아이디어를 계속 공모하여 세상을 확 바꿔야 한다.

교육가족은 창의예술문화인 총연합회를 창립하여 IT강국으로 교육의 방향을 올바르게 잡고 동네마다 책마을, 과학체험관, 문학관 교육장을 만들도록 하고, 학교교실, 교회, 성당, 사찰 등 종교인들의 후원과 참여도 절실하다.

체류 외국인이 200만 시대이니, 다문화가정을 위하여 통역요원 늘리고 외국유학생들의 진로와 장래도 보장하여, 세계로 진출하는 청소년들의 꿈과 희망을 키워줘야 한다.

고정관념 깨고 떠들어도 되는 역발상 도서관도 많이 늘려 독서하는 국민, 글 쓰는 국민, 하고픈 말 하는 국민이 되도록 함께 연대하기를 바란다. 열정과 끼가 가득한 인재들을 키워야 미래가 밝아지고 한국이 선진국이 될 수 있다.

글짓기와 함께 한 삶

1. 글짓기 지도 이야기

내가 글짓기 지도와 학교신문을 편집하는 문예교사가 된 지 어언 40년이 되었다.

1957년 대전 삼성초등학교에 20세 햇병아리 교사로 부임했더니 교육부지정 도덕과 연구학교로 밤늦게까지 전등을 켜놓고 토론도 하고 준비를 하고 있었다.

내가 맡은 일은 방과 후에 문예부원들에게 글짓기를 지도하여 백일장에 참가시키는 것과 원지에 철필로 써서 등사판 학교신문을 내는 것이었다.

어느 때는 인쇄소에서 활자판으로 내어 전교생에게 10원씩 구독료도 받아 늘 바쁘기만 했는데, 전국에서 학교신문 내는 학교와 교환운동을 하니 낯모르는 스승들과 쪽지 편지로 우정을 나눈 것이 지금까지 이어오고 있다.

스승이란 배우며 가르칠 수가 있어서 좋고, 문학과 예술을 가까이 할 수가 있어 더욱 좋고, 인간 교육을 실천할 수 있는 독서와 글짓기 지도를 할 수가 있어 참으로 행복한 삶을 누릴 수 있다.

나는 어느 학교에 가든지 학교신문을 만들고 문집을 내고 구연동화, 시낭송, 동극, 학예회 등 문예 행사를 지도하거나 주관하며 보람과 기쁨 속에 살았다.

특히 충남 태안 거아도 분교장에서 3년간 섬 아이들과 외롭게 지낼 때는 딱한 아이들이 의외로 많아 안타까울 때도 많았지만 '거울섬'이란 6쪽짜리 프린트 신문을 통하여 동심을 아름답게 심었고, 편지를 통하여 사랑을 나눈 것은 기쁨이었다. 신문을 통하여 처음으로 서울의 창경원, 백화점, 대전의 신문사, 방송국, 칠백의총까지 견학할 수 있었고, 뭍에 하숙시키기가 어려워 세운 '동백장학회'에 주민은 물론 서울의 낯모르는 수아 엄마라는 분이 병상에서도 장학금을 계속 보내주어 감동을 주기도 하였다.

울면서 왔다가 울면서 떠나야 된다는 거울섬, 바다와 하늘만 바라보고 사는 50명 아이들에게 서울, 부산, 전라도, 강원도까지 사랑의 선물을 주고받을 수 있었던 것은 신문을 통한 편지의 열매였다. 더구나 섬 아이들의 딱한 이야기를 신문에 냈더니 전국의 수많은 사장들이 취업시켜 주고 야간 학교에 전학시켜 주겠다고 전화와 편지가 쏟아져 희망을 잃지 않을 수도 있었다.

독서와 글짓기는 마음을 아름답게 가꾸어 주고, 생각을 체계적이고 논리적으로 쓰게 하는 능력도 길러준다.

새벽에 눈을 뜨면서부터 무엇인가 생각하고 살아가는 우리들, 생각을 키우고 상상의 날개를 펼칠 수 있는 글짓기는 일기지도부터 시작해야 연속성이 있다.

그러나 동시 낭송대회, 구연동화, 연극하기, 노래 부르기, 학예회, 신문 만들기 등 다양한 활동은 더욱 즐거운 교실이 되고, 교육의 목표인 인간 교육도 실현되는 것이라고 믿으며 즐겁게 해왔다.

일기는 글짓기 지도의 핵심

세계 제일의 교육열을 가졌다는 한국교육현장을 보면 내 자식만 알고, 출세, 권력, 금력을 위해 일류대학을 목표로 유치원 시절부터 놀 시간도 안주고 과열경쟁을 시킨다. 불법 고액과외도 조기유학도 늘지만 어린이 도서관의 좌석은 절반도 채워지지 않고, 오락실과 컴퓨터 오락은 어린이들이 틈만 나면 매달린다. 어린이들을 위한 도서관, 극장, 영화관, 체육관 등 문화시설은 거의 없는 현실이다.

이런 문화 환경 여건에서 사회교육과 가정교육의 무관심과 비정상에서 자라는 우리 아이들의 미래는 걱정뿐이다.

그래도 믿을 곳은 학교와 스승뿐이다.

동심을 정확히 알 수 있는 길은 매일 전체 어린이의 일기를 읽어보는 방법이 있다. 마음의 문을 활짝 열고 일기를 보면 버릇없고 이기적이고 심약한 동심들이 보인다. 괴롭히는 친구와 부모의 잘못도 보이고 착하고 아름다운 언행도 보인다. 어둠과 밝음이 보인다.

글짓기와 생활교육의 바탕이 되는 일기는 나무의 뿌리처럼 인간 교육의 바탕이 되기에 필자는 다수인 학급에서 어떻게 하면 효율적인 방안이 없을까 고뇌하다가 수년 전부터 하나의 손쉬운 방법을 찾았다.

아침 자습시간에 어제 써온 일기장을 모두 펼치게 한 후 다시 읽어보게 시키고 〈도움말〉을 자신이 쓰게 한 후, 펼친 대로 분단장이 거두어 교단 위에 놓게 한다.

그러면 담임교사인 내가 틈나는 대로 읽어보고 더 잘 써야 할 것은 △, 잘 쓴 것은 ○, 아주 잘 쓴 것은 ◎로 표시하고 ∨자 표시 한 것은 몇 편 읽히기도 하고 읽어 준다.

문제성이 있는 내용만 도움을 주면 검사시간은 이삼십 분이면 족하다.

어떤 분은 검사 도장이나 사인을 해주고 마는데 이건 별다른 효과를 얻기가 어렵고 도움말을 모두 써주기엔 시간이 부족하고 어려우니 내 방법이 그런대로 창의성, 표현력, 사고력을 키우는데 좋은 방법으로 알고 있다.

일기의 내용에 너무 간섭을 하면 보이기 위한 일기, 거짓글이 나오기 쉬우니까 '하루에 있었던 일 중에서 가장 뚜렷하게 생각나는 것 한두 가지만 찾아서 한 일과 생각, 느낌을 그대로 옮기고 잘못은 반성하고 다짐도 하는 것임을 때때로 강조하면 언젠가는 모두 잘 쓰게 된다. 부담 없이 즐거운 마음으로 제자의 마음을 매일 보는 길이다.

신문 만들기와 학예회

다수인 학급에서 글짓기에만 시간을 쓸 수 없기에 재미있고 손쉬운 방법으로 '내 신문 만들기'가 있다. 자기의 글 솜씨와 재능을 4절지에 모두 옮겨 뒤에 게시하면 된다. 보통 어린이가 신문

잡지에 글이 뽑혀 실리기도 하늘의 별 따기 만큼 어렵기에 '학급신문' '가족신문' '문집' 등을 내는 일을 스스로 할 수 있도록 격려만 해주면 된다.

바쁜 현대생활에서 벌어지기 쉬운 부모와 자녀간의 간격을 좁히고, 기발한 아이디어와 재치가 반짝이는 창의력, 사고력을 높이는데 '가족신문' 만큼 좋은 매개체도 없다. 요즈음엔 컴퓨터가 널리 보급되었기에 신문 만들기는 성의만 있으면 누구나 할 수 있는 세상이 되었다. 그러나 만든 다음이 중요하다.

교실 벽을 최대한도로 활용하여 전시회를 자주 갖는 일이다. 되도록 스승의 간섭을 줄이고 수고도 줄이고 모든 것을 학급임원들에게 맡기면 된다. 처음엔 삐뚤삐뚤 어긋나겠지만 차츰 차츰 전시방법이나 내용은 좋아지기에 모든 걸 맡기면 서로 좋은 것이다. 교육의 주체는 어디까지나 학생이니 내용을 풍성하게 하려면 꽃 심기, 시장견학 등 현장학습, 노작 활동을 많이 시킬 때 다양한 내용의 글짓기 작품이 생산되는 것이다. 삶도 풍요로워지고….

이런 일을 학급에서 학년으로 또 학교 행사로 할 때 전교생의 수준은 높아지고 재미있고 활기찬 일이 더해질 것이다. 선의의 경쟁을 시키면 더 좋다.

나는 지난해에 대전 충남 어린이들의 글짓기 작품과 동시화 작품을 공모하여 전시회도 열고 농악놀이, 사물놀이, 시낭송, 생활체조하기 등 서대전광장 야외음악당에서 예능발표회를 열고 140여 명에게 상을 주기도 하였다.

금강환경관리청장을 비롯하여 여러 곳의 후원을 받아 큰 행사를 치렀는데 올해에는 백일장, 동시화, 상상화 그리기와 학습 발표회 등을 사정공원에서 크게 열 예정이다. 대전광역시에서 적극 후원하겠다고 약속하였기에 잘 될 줄 믿고 있다. 이런 일은 여러 문학, 문화단체에 쫓아다니며 보고 듣고 배웠고 그 동지들이 도와주고 협조해 주기에 할 수 있는 것이다.

교단 교사들의 자질과 긍지를 키우기 위해 1969년 광주에서 글짓기지도세미나에서 열강하시다 과로로 순직하신 스승이 있다. 고 한인현 스승의 뜻을 기리기 위해 자제분 등 유족과 뜻 있는 분들이 장학회를 조직하여 장학상을 시상한지 27년, 이제 나도 이 나라 어린이들을 위해 뭔가 보람 있는 일을 하나라도 할 때가 되었다고 시작한 일이다.

1964년 전국의 학교신문 지도교사와 문예지도교사들이 서울에 모여 제1회 세미나를 열고 신문 교환 운동과 교육부에 '글짓기를 중학 입시에 출제할 것' 등을 건의하던 그 젊은 정신으로 여러분의 뜻을 한데 모아 국어교육과 교육개혁, 사회개혁 운동을 함께 하고 싶다.

2. 나의 문집 만들기

졸업문집 『향나무』는 학교장의 의지에 따라 120페이지를 등사판으로 내었다.

6학년 150여 명의 작품 전부와 학급당 몇 편씩을 담임교사가 프린트하여 공동 제작하니, 일주일 만에 완성할 수 있었다. 교사의 힘으로 잠깐 한데 모으면 문집 만들기는 아주 쉬운 일임을 체험한 것이다.

학교장의 머리말의 일부를 옮겨보면 그의 뜻을 알 것 같다.

-전략-

특히 초등교육은 새싹을 틔워주는 중요한 시기이므로 재학 중에 문집을 만들어 본다는 것은 그들의 앞날에 큰 뜻을 갖게 하는 동시에 크나 큰 체험과 포부를 안겨주는 것이 될 것입니다.

학생들의 글이 성인 시나 문집과 같은 모범적인 훌륭한 글을 엮었다는 것이 아니라, 다만 동시란 어떠한 것이며, 신문은 어떻게 쓰고, 편지글, 일기문, 기행문은 어떻게 쓰는 것인가 하는 내용 격식만이라도 터득이 되도록 한다면 그것으로 만족하지 않을까 생각하고, 그러한 표현을 고루 시켜서 각양각색의 체험을 가져보는 기회를 마련해 본 것입니다. 혹시 약간의 잘못이 있다 하더라도 어떻게 수정, 정정해야 할까 하는 생각을 해보는 것도 또한 '추고'의 기회를 주게 되는 것이니, 목적을 달성하게 되는 것입니다.

-후략-

"50회란 오랜 전통을 이어 오면서 여러분의 마음이 담긴 문집을 발간하게 되었음을 더욱 뜻 깊고 값진 일이라 하겠습니다."

류재홍 교감의 편집후기 일부를 보더라도 문집 발행이 얼마나 어려웠나 알 수 있다.

그러나 학교장의 뜻만 확고하다면 얼마나 쉬운 일인가?

다른 학년은 몰라도 6학년은 졸업식날 자기의 글이 실린 문집

한 권씩은 꼭 선물로 주고 싶어, 올해에는 학년 초부터 염두에 두고 계획을 세웠으니 내년엔 훌륭한 『향나무』 2집을 기대한다.

한 가지 큰 흠은 졸업생의 동시 몇 편이 표절임이 늦게 발견되어 동료로부터 빈축과 추궁을 당한 것은 잊을 수가 없다.

자기가 좋아하는 동시라고 밝혀도 괜찮을 텐데 남의 글을 내놓다니, 그것을 모르게 냈으니 무슨 할 말이 있으랴.

신문 잡지에 쏟아지는 많은 동시들을 전부 기억할 순 없겠지만 생각할수록 두고두고 씁쓸하다.

3. 꽃수레와 삼성 어린이

『향나무』가 전교 교사의 합심으로 너무 쉽게 발행된 것에 비하면 60년 7월에 나온 '삼성 어린이' 제3집 「꽃수레」는 나 혼자의 힘으로 힘겹게 나온 문집이다.

"꾸미고 나서"를 보니, 다음과 같이 씌어 있다.

1학기 동안의 교내외 글짓기대회서 뽑힌 글을 한데 묶었습니다. 학교신문, 일반신문, 방송된 작품은 되도록 피하고 새로운 작품들입니다. 아담하게 꾸미려고 인쇄소에 수십 번 왔다 갔다 했으나 혼자의 힘이란 얼마나 약한가를 알았습니다. 처음 계획의 5분의 1로 준 것은 책값 때문이고 수북하게 쌓인 작품들을 언젠가는 한 번 두툼한 『꽃수레』에 싣고 싶습니다.

등사판에서 활자로 되기까지는 학교장과 선생님들과 어린이들의 협력이 있었다. 이 『꽃수레』 문집은 전국 어린이 신문 교환

본부 주최 제1회 신문지도교사 세미나에 기증하기 위해 애썼다.

64년 8월 3일~4일, 서울에서 열린 이 모임은 더 좋은 신문을 만들기 위하여, 올바른 문예지도를 하기 위한 모임으로 전국 각 시 · 도에서 96명이 모여 연구 발표, 토론과 강의 등이 있었다.

그때를 기점으로 전국 어린이 신문과 문집을 상호 교환하게 되고, 문예교육의 새싹이 돋아나기 시작한 것 같다.

그리고 그때 모인 교사들이 현재에도 문예교육연구회 회원이 많고, 아동문학계의 중견 · 중진들이 많음은 서로 격려하고 자랑하고 경쟁하며 협력한 동지 의식이 작용한 덕도 있을 것이다.

나도 그때까지 도재희(서울), 홍재헌(세천) 두 분의 지도를 받아 등사판 학교신문 『삼성 어린이』를 학급마다 몇 장씩 배부하던 것을 활자화하여 전교생에게 1부에 5원씩 판매하여 운영하였다. 교내 글짓기 대회에서 뽑힌 글 중에 "잊을 수 없는 선생님" 내용 중 난장이란 낱말 하나로 신문이 압수당하는 필화 사건도 있었지만, 그때 협력해 주신 삼성교 직원들과 어린이들(문예부원)은 지금도 잊지 않고 있다. 등사판이든 활자판이든 7년여 동안 매월 발행한 것은 보람을 얻기 위한 정열이 있었기 때문이다.

한편, 학급신문 『새소녀』와 학급신문 『새소년』, 『무지개』 등 등사판으로 여러 번 낼 수 있었던 것은 충남국어교육연구회 회원들의 월 1회 모임의 영향도 컸다.

1963년 6월 29일 최태호, 박목월님을 모시고 도내 어린이 백일장을 열게 되었다. 그때 글짓기지도에 대한 강연을 듣고, 도 교육연구소(현 연구원)에서는 강습회를 열어주고, 도내 어린이 문집 『아기눈』을 발간하여 도내 전학교에 판매하기도 하였다.

새길 찾은 제자들

내가 햇병아리 교사로 삼성국교에 부임한 때는 57년도, 육이오 전쟁으로 잿더미가 된 이 나라의 국민들의 삶은 너무 어려워 분유나 옥수수 가루를 끓이거나 빵으로 만들어 어려운 아이들의 점심을 때우기도 했던 시절.

내 반에도 병든 부모를 대신하여 소년가장으로 껌팔이를 하며 생계를 유지하는 한수란 소년이 있었다.

그는 다방이나 유흥업소를 찾아다니며 껌을 팔기도 하고 광고지를 나눠주기도 했지만 수입이 좋은 양담배를 팔다가 곤욕을 치르기도 하여, 배짱도 좋았고 말썽도 많이 부렸다. 더 어려운 아이 강일이는 소아마비 중증으로 두 발을 전혀 못쓰기에 누이의 등에 업혀 등하교는 물론 화장실까지 다녀야 했으므로 날개 잃은 새처럼 마음대로 놀 수가 없으니 웃음을 잃고 말없이 살아야 했다.

그런데 어느 날 역시 말없는 급우인 오섭이가 하교하다가 손수레의 철근에 얼굴이 찢기는 사고가 났다. 그때 급우들에게 성금을 거두어 치료비를 대주는데 앞장선 아이가 한수, 기수, 희식이였다. 이를 계기로 학교신문을 맡은 나는 〈도시락 나눠먹기〉 등 콩 한 개라도 나눠 먹자는 운동을 펼치고 불우한 이웃돕기 운동을 꾸준히 하였다.

'어두운 맘을 활짝 여는 길은?'

일기를 매일 쓰게 하여 하고 싶은 말들을 읽었고, 틈나는 대로 노래를 불렀다. 3학년이 13반인데 풍금차지가 어려웠으므로 손뼉치기가 고작이었다.

그런데 어느 날 학교에서 북을 사왔다. 북은 활달한 한수가 차지할 때가 많았다. 심지어 소풍날에도 한수가 큰 북을 메고 맨 앞에서 '둥둥' 북을 치며 흥을 돋우었다.

가끔 강당에서 작은 음악회도 열고 학예회도 하며 닫힌 마음의 문을 열게 하고 깔깔거리며 꿈을 키웠다. 후에 난 10년 근속상을 타고 삼성교를 떠나 산촌, 바닷가, 섬 등에서 새로운 아이들과 수없이 만나고 헤어졌다.

섬에서 하숙할 때, 어느 날 텔레비전에 강일이가 휠체어를 타고 현악4중주 단원으로 연주하는 모습이 보였다.

대전 성세재활학교에서 중증장애자 동창생들이 고입, 대입을 검정고시로 합격하고 미국에 유학하여 음대와 대학원에서 장학생으로 수학하고, 석사과정을 밟으며 2백여 회의 순회공연을 하다가 귀국하여 한국소아마비협회와 정립회관이 제정한 제7회 삼애(三愛) 봉사상을 받는 자리였다. 강일이가 잃었던 웃음을 찾고 바이올린에 상상의 꿈을 펼쳐 세계인에게 기쁨을 준다니 어려움을 딛고 가는 길이 얼마나 장한가? 훗날 그의 부모가 병상에 있는 나를 문병와서 자세한 얘기를 해줘서 더욱 고마웠다.

북치던 소년 한수는 아펜젤라 장학생이 되었는데 중학교를 중퇴하고 드럼 연주자가 되어 MBC악단에도 잠시 있었고 밤업소에서 근무하며 낮에는 연예인협회 홍보실장, 세계연예신문 대전 총무국장 등으로 억울한 회원들의 권익을 위해 법원을 찾아다니는 등 애를 쓰고 있었다. 대중음악인이지만 어린이들을 위해 신나는 동요곡을 짓는 게 꿈이라고 했다.

말없는 소년 오섭이는 충남대를 나와서 MBC 라디오 PD가 되어 음악프로 등 여러 프로를 맡아 지역 문화발전을 위해 힘쓴다. 언젠가 한수와 어린이 회장이었던 문희식 내외가 나를 초대하여 함께 노래도 부르고 옛이야기도 하였다.

그의 모친이 꼭 보고 싶다고 하여 갔더니 오섭이의 방에는 수천 권의 책과 음악테이프, 레코드판이 잘 정리되어 있는 것을 보고 놀라웠고 부럽기까지 했다.

지금도 가끔 보문산 야외음악당에서 열리는 글짓기대회나 한밭백일장에 아들 딸을 데리고 나오는 한수 내외를 만나곤 한다.

그의 아들이 고개를 갸웃거리며 글 쓰는 모습을 보면 그들이 저만했을 때 삼성문예부원들을 데리고 공주, 서울까지 쫓아다니던 날들이 생생하게 떠올라 웃기도 한다.

"건강 생각해서 술 좀 줄여라."

"요즈음 경기가 안 좋다던데."

지금은 모두 훌륭한 사회인이 되었지만 나는 아직도 한 길가에서 철모르게 뛰어노는 아이들 같아 만날 때마다 잔소리를 많이 한다.

내일을 위하여

이제부터 시작해도 늦지 않았다. 우리의 청소년들을 입시지옥에서 해방시키고 범죄를 유발하는 저질의 문화상품과 유해환경을 속히 추방하여 인류의 생존을 위협하는 환경오염을 없애고 아름다운 고장, 아름다운 나라 가꾸기에 땀 흘리게 하자.

우리는 죄인 된 심정으로 우리 청소년만은 세계 일류시민, 문화인으로 어릴 때부터 키우자. 남에게 폐 끼치지 않고 서로 먼저 인사하고 예절 바르고 효도하며 나라와 지구를 사랑하는 문화인으로 키우자. 바람직한 인간교육을 통해 미래의 희망과 가슴 벅찬 삶을 꿈꾸며 잠든 토끼를 깨워 함께 가는 거북이가 되자.

국난 때 백의종군 한 이순신 장군의 나라사랑 정신과 국민의 고통을 덜어주려고 불철주야 애써서 위대한 한글을 만드신 세종대왕의 겨레사랑 정신을 본받아 앞일을 생각하는 엄마의 깊은 마음으로, 세상이 변해도 변하지 않는 부모의 마음으로 내 아들 딸과 똑같이 모든 어린이와 청소년을 사랑하고 위하는 일을 하자.

삼성초등학교의 제자들이 국회의원, 시장이 되어 문예사생대회에서 축사를 하는 박성효 전 시장.

어른들이 새로 태어나야 교육사회가 새로 태어난다. 우리와 우리의 다음 세대가 모두 건강하고 아름다운 삶을 영위하도록 문화 환경 조성과 문화의 생활화에 힘쓸 때 21세기를 향하는 새나라 새사회가 될 것이다.

어릴 때부터 생활 속에 문화를 심고 가꾸어 인류의 꿈과 이상을 실현하는 일류문화시민 실천 운동을 함께 해보자고 호소한다.

1. 우리는 반만년의 역사를 지켜온 슬기로운 문화 민족의 긍지와 자부심을 갖고 '동방의 예의 바른 나라'라는 칭송을 다시 듣도록 말씨, 행동, 마음가짐을 바르게 하여 인간, 자연, 나라 사랑을 실천하고 예절, 효행, 질서, 성실, 자주, 청결, 절약, 협동이 생활

화 습관화 되도록 모범을 보이고 건전한 생활 문화로 뿌리 내리게 배우며 가르치자.

2. 우리는 물질보다 인격을 더 소중히 알고 내 자녀와 똑같이 모든 아이들을 돌보고 사랑하며 특히 장애우, 병든 아이, 빈곤한 아이, 비행, 탈선, 가출, 범죄소년들을 같이 보호하고 선도하도록 힘을 모으자.

3. 우리는 경제성장보다 삶의 질을 높이는 일류문화 의식을 더 소중히 알고 안전하고 신뢰받는 기업문화, 쾌적한 환경, 생명의 존엄성, 자연보전 등 더불어 행복하게 사는 문화정신을 누구나 갖도록 힘쓰자.

4. 우리는 21세기 정보화, 세계화, 무한 경쟁 시대를 맞이하여 개인의 다양한 창의성과 능력을 발휘하게 교육하고 소질, 재능, 기능 기술 등 전문성을 높이고 교육, 취업 등에 학력, 성, 학연, 지연 등에 따라 차별하는 반문화 행위를 시급히 시정하여 화평한 사회가 되도록 힘쓰자.

5. 우리는 출생부터 평생토록 좋은 문화 환경에서 건전한 문화 생활을 즐기며 배워서 성장하도록 스스로 힘쓰고, 기업, 지방자치단체장, 국가에서는 문화교육 우선 정책을 펴야 일류문화선진국이 됨을 인식하고 올바른 품성과 기본 생활 태도를 내면화시켜 사람다운 사람이 되도록 교육, 문화예술, 사회교육정책을 과감히

쇄신하도록 힘쓰자.

6. 우리는 세계 제일의 학부모 교육열이 유치원부터 고3까지 일류대학 입학시키는 것을 목표로 과열과외, 고액비밀과외, 서너 곳의 학원과외, 수없이 쏟아지는 시험 준비물에 20조 원 보다 훨씬 더 많은 사교육비를 투자하면서도 전전긍긍하는 학부모와 시달리고 들볶이며 놀 시간도 없이 밤새워 점심시간도 아끼며 시험 준비하다 좌절하고 낙담하여 병들고 정신병원 가고 가출하고 자살까지 하는 아이들이 없게 하자. 근본대책으로 국가가 검증하여 야간대학, 계절대학, 평생대학원을 개설하여 재수, 삼수생을 줄이고 대학에 입학하면 공부하지 않고서는 안 되게 하는 제도 개선이나 교육개혁을 공청회, 토론회 등을 열어 개선하자.

날로 더해가는 입시준비교육을 혁명적으로 개선하여 세계 제일의 교육열이 일부 장사꾼 학원이나 출판사에 낭비되지 않고 인성, 창의성을 살리는 교육으로 학부모나 교사 학생들의 고통을 덜어주고 희망과 용기를 주는 교육개혁을 이뤄야 한다. 특히 실업고, 전문대에 획기적인 지원을 하고 누구나 능력과 재질이 있고 창의성, 장래성이 있는 사람이 우대받는 기업풍토, 사회분위기가 되도록 정부는 솔선수범하고 장려하는 정책을 과감히 펼쳐 나가야 한다.

제주의 먼 훗날

나는 두 차례 제주도를 관광했어도 별다른 느낌이 없었는데, 이번에는 보고 듣고 배운 것이 참으로 많다.

대전청소년단체협의회 유덕순 회장을 비롯한 9명이 11월 12일 청주공항에서 제주공항에 도착한 것은 아침 9시경이다.

맨 처음 찾은 곳은 제주 자연사박물관인데 나도 여기서 지구의 탄생이 46억년이란 것, 생명체의 탄생과 어류, 석탄, 공룡 신생대를 지나 인류의 시대가 되었음을 알았다.

70억 인구의 지구촌이 어떻게 생겼는지 제주도의 모습, 크고 작은 자연경관과 기기묘묘한 검은 돌을 보면 짐작이 가기도 하였다.

화산이 언제 폭발하여 제주도가 생기고, 지금의 모습이 된 것은 신기하고 오묘할 뿐이다. 현무암, 검은 돌을 살펴보면 지구탄생과 함께 생겼는지도 모르겠다. 제주도는 브라질의 아마존, 인도네시아의 지하 강과 함께 7대 불가사의 자연경관 등에도 유네

스코에 유일한 3관왕으로 영예로운 관광지로 기록된 보물 중의 보물섬이다.

차귀도의 능선코스를 따라서 한 바퀴 돌면서도 보았고 우도에 가서 잠수함을 타고 해양 깊은 곳을 관광하고 한화재벌이 만든 거대한 수족관을 관람하면서 깨달은 것은 형형색색, 기기묘묘한 지상과 바닷속의 산천초목 갖가지 물고기와 산호초의 아름다움과 신비였다.

누가 왜 이처럼 아름답고 위대한 환경, 지구와 생물을 창조했을까? 저절로 생기진 않았을 것 같았다.

크고 작은 물고기들이 유유히 헤엄치며 공생하는 모습, 또 거대한 상어나 고래는 사자나 호랑이가 서로 잡아먹기도 하고, 죽고 죽이는 평화와 전쟁이 수십억 년 계속 되는 것도 요상한 일이다.

한화 아쿠아 플라넷 벨트의 거대한 수족관은 바다생물들의 많은 것을 부대시설을 통하여 볼 수 있는 좋은 체험교육장이지만 입장료가 4만 원쯤 되니 학생들에겐 큰 부담으로 청소년의 교육장으로 활용키 위하여는 수학여행의 좋은 코스가 되도록 입장료를 대폭 인하해 주었으면 싶었다.

제주도엔 보고 배울 것들이 많은데 서울대 교수가 창안한 유리조형 예술체험 테마파크, 천연 곶자왈 마법의 숲도 신비스러웠다. 신기하고 특별히 볼만한 곳은 믿거나 말거나 전세계 32번째 박물관 제주를 비롯하여 한림공원의 트로피칼 국화축제, 세계최대 착시테마파크 박물관은 살아있다. 세계 자동차박물관 등 헤아릴 수 없이 많은 볼거리를 일주일 이상 보면 다 볼 수 있을까?

제주도가 세계의 보물섬임을 깨달았고, 나날이 발전하고 있어서 관광객이 늘어나는데 특히 중국인이 몰려와서 안내방송도 한국어에 이어 중국어로 하는 것을 알 수 있었다.

또, 제주국제공항이 부족하여 제주 제2공항을 정부에서 적극 추진할 정도로 승승장구하여 제주도민의 단합된 힘으로 최고의 공항을 만들어 살기 좋은 제주도가 되는 것도 가슴 뿌듯했다.

그러나 슬픈 역사를 지닌 제주도는 제주 방어유적 특별전을 보면 알 수 있다. 우리나라가 가까운 이웃나라 중국과 일본의 침략을 수없이 많이 받았지만 제주도는 몽골의 98년간 통치, 왜구의 30여회 이상 살인, 방화, 약탈을 받아왔었다.

서울의 3배 넓이인 제주도의 해변가 두레엔 3성 9진을 비롯한 수많은 성이 있다.

우리와 교류하는 제주도 청년단체 임원들과 만났다.

제주청협 회장은 청소년은 미래의 주역이며 우리의 희망이기에 교류와 협력을 통하여 바르게 육성하고 상생 발전시키는데 최선을 다하자고 했다. 자기 딸이 국가대표 축구선수라고 자랑도 하고 내일 결혼잔치를 하기에 바쁘지만 중요한 자리라 참석했으며 한 대화 야구선수와도 친하여 대전시의원의 안내로 자매결연을 하게 되었다고 했다.

김 회장은 우도 관광버스 대표이사이며 동굴리조트 대표로 다양한 사회활동을 하고 있었다. 부회장, 처장, 국장 등 대부분 임원들도 기업인으로서 청소년의 활동을 주최·주관·후원해주고 있었다. 체육, 교육예술, 과학의 생활화와 인성교육으로 꿈과 지혜가 함께 자라는 행복한 청소년들이 되기 소망한다.

차기 회장은 서귀포 열린병원 원무과장인 김수현 서귀포 회장이 맡기로 했는데, 지금 서귀포에서 방어축제를 하기에 바쁜 몸인데도 참석하였고 김대우 사무처장은 아타플라워란 꽃집을 운영하고 고순남 재무국장은 훈이네 올레농장을 직접 운영한다고 했다.

유덕순 회장은 꼭 가봐야 할 관광지를 안내해줘서 고맙고, 앞으로 상호 협의하여 청소년들이 잘 활동하도록 지원하자고 인사말을 했다.

나는 며칠 전 아사이신문 전 주필이 동아일보에 발표한 '한 · 중 · 일 삼형제'란 글이 생각났다. 3개국 협력사무소를 지난 2011년에 서울에 세웠고, 자금과 인력을 공동 투자했으니 위안부와 영토문제로 갈등하지만 정상회의도 하고 다양한 교류를 하여 이해하고 공감을 취하자는 글 내용이었다.

국민들은 지도자의 뜻을 많이 따르기에 일본에서 크게 환영 받고 유행하던 한류문화와 인기인들이 반한 감정으로 쇠퇴하고 푸대접받는 게 안타깝다.

지정학적으로 가까운 이웃, 상호교류와 협력은 당연한데 국민들은 힘들게 하는 지도자들, 특히 아베 일본 수상의 비양심적인 외고집에 분노와 연민을 하면서도 박 대통령의 고집도 센데 아량으로 풀길 갈망한다.

내가 두려움을 느끼는 건 일본의 우경화보다 중국이다. 보물섬 제주도는 박지성, 이효리 등 유명인의 별장이 늘어나고, 본토인의 투자가 늘어남은 이해하나, 중국의 큰손들이 풍부한 재력으로 요지를 사들이는데 규모가 매우 크다는 것은 심상치 않다. 값비싼 대지와 호텔은 물론 카지노까지 설계하여 제주도지사가 허가해주지 않으려고 안간힘을 쓴다는 기사를 보았기 때문이다.

훗날 제주도에 관광 온 중국인들이 돈을 많이 쓰더라도 제주도에 사는 중국인에게 모두 돌아가서 한국인은 구경만 하는 신세가 되지나 않을까? 기우에 지나지 않기를 바란다. 물론 한국인의 뛰어난 지혜와 열정은 중국 대륙의 큰 시장을 공략하여 경제부흥을 이룩하겠지만, 경제대국으로 급성장하는 중국으로부터 제주도 수호 준비를 철저히 하길 소망한다.

암의 순리치유

우리가 가장 두려워하는 질병 중의 하나가 암이다. 다른 질병은 의학으로 치료가 가능하지만 암은 조기에 발견하여 수술의 기회를 놓치면 항암 주사나 항암제 방사선 치료로도 잘 낫지 않기 때문이다.

우리들은 참는 것을 미덕으로 알기에 몸이 아파도 꾹 참거나 약국에 가서 약을 잘못 사먹어 조기 발견을 못하고 때를 놓쳐 당황하는 경우를 많이 본다. 그리고 모든 사람은 다 암에 걸려도 나만은 아닐 거라고 건강에 자신을 갖다가 낭패를 보는 경우도 얼마나 많은가? 종합 검진이나 암 검사를 정기적으로 하여 소중한 생명을 지키길 바란다.

건강에 관심을 갖고 눈여겨봐도 10년 내에 암 치료 물질을 개발할 수 있다는 기대하기 어렵다. 특히 무서운 폐암은 담배속의 타르와 니코틴이 원인이며, 암 정복을 유전자 단계에서 근본치료하기 위해 총력을 기울이고 집중연구를 하고 있음을 알려줄 뿐이다.

옥미조 원장은 병원에서 못 고치는 환자는 모두 오라고 순리치유법을 창안하여 세계인을 놀라게 한 위대한 학자, 의료인이다.

암에 대한 성공적인 생물학적 대처법으로 노벨 의학상을 2회 수상한 독일의 바버그 박사와 시거 박사의 번역한 책자가 삶의 생존을 위해 주목 받고 있으며, 순리치유를 창안한 현직 교장인 옥미조 순리원 원장의 암연구와 치료방법도 관심을 갖게 한다.

옥미조 원장은 순리원 문고를 100여 권 내었고 연수교육을 170여 명에게 했으며 연수회원을 천명 이상 두었는데 의사와 약사, 한의사가 동참하고 있으며 10년 동안 10만 명을 무료로 치료했다고 여성동아 93년 4월호에 자세히 소개되어 유명인사가 된 분이다. 8개국에 연수생들을 파견하여 봉사활동을 하게 하는 것도 예삿일은 아니며 필자도 연수교육을 받고 세미나도 수차례 참석하여 강의도 듣고 수백 명을 치료하는 현장을 직접 목격하고 기적적인 성과에 감탄하기를 여러 번 했다. 그래서 환자와 편지를 주고받고 치유한 사람들을 소개하며 스스로 건강법을 실천하기 바란다.

위암, 폐암, 췌장암, 대장암, 간암, 담장암, 유방암, 자궁암, 난소종양…. 암의 이름은 암이 붙은 자리에 따라 붙여지는데 암세포는 악성세포여서 한번 생성을 시작하면 조건이 좋을 때 번성을 멈추지 않으니 조건을 나쁘게 하여 번성을 못하도록 하는 일과 암세포를 빨리 몸 밖으로 배출시키도록 해야 한다.

암 세포도 다른 세포와 같이 죽기 마련이기에 암이 싫어하는 것을 해야 한다. 암은 산소, 찬물, 햇빛, 알칼리식품을 싫어하고 산성체질 고영양, 인스턴트식품, 따뜻한 곳을 좋아한다.

암을 막으려면 충분한 채소류, 해초류(미역, 다시마, 톳, 파래 등), 케일, 오이, 현미와 콩밥을 먹어 칼륨을 통하여 죽은 암세포와 파괴된 암세포를 몸 밖으로 배출해주어야 한다. 생수를 식전이나 식후 2시간 후에 4리터 이상 마셔서 찬물의 육각수가 암세포 주변을 감싸서 암이 생성치 못하게 막아주어야 한다.

모든 음식물은 100번 이상 씹어서 침이 몸 안으로 들어가고 암균들이 이 침에 의하여 녹아지게 해야 한다. 침에는 살균작용이 있고 암을 죽이는 힘이 있으니 죽이나 녹즙을 먹으면 씹기를 오래 할 수가 없어 불리하다.

사람들이 다니지 않는 숲속에 들어가서 숨을 완전히 내뱉고 크게 들이쉬어서 충분한 산소를 공급받고 탄산가스를 배출 시켜야 한다. 암의 덩어리는 지방질과 탄산가스이므로 몸속의 탄산가스가 완전히 배출돼버리면 암은 자라지 못한다. 조용한 숲속 햇빛은 대나무 소나무 울창한 산림 속에서 피톤치드가 나오는데 피부 깊숙이 들어가 몸을 소독하고 암세포들을 죽인다. 하루 9시부터 오후 5시까지 8시간 이상을 깊은 호흡을 하면서 중식은 굶고 찬물만 먹는다. 해초류, 냉이, 취나물, 민들레, 쑥, 쑥갓 등을 씹어 먹는 일만 할 뿐이다. 비닐하우스와 비료 농약을 써서 기른 어떤 음식물도 먹지 말고 자연 상태에서 햇빛을 잘 쬐고 자란 생채소과 곡식들이 좋고 육류나 고기는 금한다.

영은 육을 다스린다. 암환자나 가족들은 불안해하거나 불치라고 근심걱정을 해선 안 된다. 자신을 반성하고 회개하되 감사와 기쁨의 웃음은 엔돌핀이 나오게 하지만 한번 분노하거나 우울하면 오히려 다른 세포만 죽게 되어있다.

한번 화를 내면 8만4천개의 세포가 죽고 한번 기뻐하면 그 이상의 세포가 생겨나니 억지로라도 웃으며 생활해야 한다. 이러한 일들을 완벽하게 해야 한다. 어느 것 한 가지라도 허술하게 하면 암은 그 허술한 곳을 찾아간다.

숲속에서 흐르는 개울에도 발을 담그고 씻고, 가끔 옷을 벗고 맨발로 다니며 헐렁한 옷을 입는다. 천천히 숲속을 걸어 다니면 노폐물이 잘 빠지고 적게 먹어야 재생기능이 일어난다. 토사욕을 하면 털구멍으로 탄산가스가 피부를 통해 밖으로 나오니 모래찜질, 맨발로 걷기, 논밭에서 흙발로 괭이질 씨앗 뿌리기는 좋은 방법이다.

아프리카 여인들에게 자궁암이 거의 없는 것은 자주 국부를 햇빛에 노출 시키는 풍습 때문이며, 유방암을 예방하려면 아기에게 젖을 빨게 하고 남편에게 만져달라 하는 것이 좋은 암 예방법이며 조혼의 여성, 성관계가 복잡한 여성이나 바람이 심한 남편의 아내가 자궁암에 걸릴 확률이 많다는 통계도 유념해야 한다.

미국은 대장암 환자가 많고 우리나라는 간암이나 위장암, 췌장암이 많은 것은 음식물을 잘 씹지 않고 급하게 먹으며 물 말아 먹기, 식후 숭늉 먹기 등으로 침과 위액이 희석되거나 부족하여 부담을 줘 위염, 위궤양, 위암, 당뇨, 췌장암, 폐암 등으로 전이된다. 급한 성격 간염도 간경변, 간경화로 이어졌다가 간암으로 돌아가기도 한다.

자연식품으로는 비파, 느릅나무를 고은 물, 살균력이 탁월한 타히보 나무는 말타아제 효소가 암세포를 분해하기 때문에 암을 죽인다. 분해된 암세포는 호흡으로 대변으로 피부로 오줌으로 간장으로 빼낸다. 장부가 튼튼해야 암세포를 배출할 수 있기에 여러 가지 요법을 실천해야 한다.

TV 등 전기기파를 끊고 냉장고에 든 음식물을 먹지 않으며 흙담의 집에서 6개월~1년 이상 살면 기적으로 낫게 된다.

옥 원장은 지압까지 해주는 암환자 수용시설을 마련하여 많은 암환자들을 치료해 주었으나 공직에 있기에 중단할 수박에 없게 된 것이 안타깝다.

순리치유요법이 어떤 난치병도 고칠 수 있다고 확신하는 것은 식이, 운동, 정신, 천연, 지압이나 침의 요법을 종합하여 시행하기 때문이며 암 환자의 치료나 예방뿐 아니라 건강하게 오래 살기 위해서도 건강식품이나 보약, 의학에만 의존하지 말고 생활, 사고, 성격의 개혁과 건강의 생활화가 절실하다.

성인의 꿈

내 평생 가장 소중한 만남은 겨레와 인류의 빛이 된 옥미조 순리원 원장과의 만남과 교류이다.

60년대 문예지도 교사로 신문교환운동으로 인연을 맺었고, 80년대엔 위궤양이 재발하여 병원에 입원 불면증, 손 떨림, 우울증으로 죽을 준비를 할 때에, 옥미조 원장의 소식을 듣고 거제도 학교로 찾아가 하룻밤을 지내며 호전됐다. 한 달 후에는 대전여관에서 20여명의 지인들과 순리치유연수교육을 받았다.

그 후, 동학산장을 비롯하여 여러 곳에서 세미나를 할 때마다 찾아가 배웠고, 배운 대로 지압, 침, 운동요법, 식이요법, 풍요법, 단식 등을 실천하니 중병도 많이 호전되었다. 나는 건강전도사가 되어 동창생, 문학회원, 교인, 지인, 친인척을 만날 때마다 강의를 하였다. 전주, 무주, 속달 한국아동문학인협회장을 위해 서울까지 가서 상담을 하였다. 1993년 여성동아 4월호에 기자 2명과 옥 원장과 인터뷰를 하였는데 "병원에서 포기한 한자만 오세

옥미조 순리치유 연구원장은 148세까지 장수하며 600권의 저서 발간을 목표로 글을 쓰고 박사학위를 열 명 이상 받게 지도하고 2천회 이상 강연, 강습하였다.

요." "치료비는 안 받고 무료입니다." 대문짝만한 큰 기사가 14면에 나가자 전국의 환자와 가족들이 몰려왔다. 능포초등학교는 난리가 나서 결국 교육청에서 중단시켜 "전국에 민연수생 170여 명이 있으니 그리 가보세요."라고 안내, 안내문을 본 난치병 환자들 중 대전충청도 환자들이 우리 집에도 찾아왔다. 나는 책을 보면서 배운 대로 치료해주고, 스스로 치유케 하였다.

그것이 23년 전 일이다. 그 후 옥 원장은 전국 방방곡곡을 찾아다니며 순리치유, 전도, 교육을 하였다. 순리치유법은 간편, 속효 치료로 환자의 복지가 이루어지고, 보험료가 절감되니 어두웠던 의학의 미래에 등불이 되었다. 옥 원장의 꿈은 수없는 고난을 겪고 홍익인간의 길을 걸었다.

1987년에 세워진 순리원은 올해로 30주년이 된다. 99% 사망 선고를 받은 간경화에 걸리지 않았다면 치유가 가능하다. 옥 원장의 순리치유는 자연, 노동, 절제가 3대 핵이고 순리의학은 부작용이 없고 속효가 있어 전세계에 확산될 것이 명약관화하다.

순리농장 8,000평을 구입, 농사를 지으며 순리치유 연수교육을 통해 치료사를 양성했고, 순리치유 과목을 개설 박사과정을 설정 수많은 박사를 배출하였다.

세계평화협약과 세계평화공존과 영원한 행복을 위한 공동선언문을 발표했으며 순리상을 해마다 주었다.

나는 3회에 절제상을 받았고, 1996년부터 환경의 날에 전국청소년문예사생대회를 주최, 주관하여 22년 동안 5천여 명의 학생과 지도교사에게 상을 준 것도 옥 원장의 순리사상을 배웠기 때문이다. 올해에도 대전효문화진흥원에서 순리상 시상식 등 30주년 기념행사가 열린다고 한다.

148세까지 장수하고, 88세까지 6백 권의 저서를 내겠다는데 책 한 권 못낸 나는 120세까지 장수하면 대성공이라 생각하고 건강관리에 최선을 다하고 있다.

옥 원장은 겨레의 스승이요, 성인(聖人)이기에 좋은 꿈은 꼭 이뤄지리라 믿는다.

함께하는 삶

1. 노인사랑 풍물단과 되살미풍물단 창단

나는 2000년에 명예퇴직 하여 수영과 등산으로 소일하다가 대전금빛평생교육봉사단에 입단하여 많은 새 친구들을 만나게 되고, 여러 교육을 받고, 봉사활동을 할 수 있었다. 그 중에 급식받기 위하여 매주 이틀씩 노인사랑운동본부에 모여든 40여 명의 노인들을 위하여 노인대학을 만들고 이상하, 류봉선, 김기주 동문과 함께 사물놀이와 노래를 가르쳤다.

그분들은 모두 장구 등 사물을 구입하여 4년째 배우니 높은 경지에 올라 위문공연도 하고 여러 행사에 참여 할 수 있어 언제나 대환영을 받고 있다. 노인들과 함께 즐거운 삶을 살고 있다. 그 다음엔 '되살미사랑나눔봉사대'란 중증장애인 모임이 있는데 대장과 협의하여 풍물단을 만들기로 하고, 이상하 동문이 지도하고 변창수, 최완섭님이 도우미로 3년째 배우고 있는데 수준이 상당히 높아졌다. 식장산 정상에서도 공연하고 대덕문화회관, 대전

2000년부터 금빛봉사단에 참가, 늘푸른예술단을 창단 100여회 이상 순회공연을 했다.
일본 고베시와 한일문화교류도 하고 전국 체조경연대회에서 대상, 금상, 은상을 받았다.

KBS, 전국 장애우 공연대회에 참여하여 입상하는 등 새 삶을 산다고 기뻐하는 장애우 들이 많아 보람을 느낀다. 손을 못 써서 발가락으로 북을 치는 소녀, 손발을 못 써서 코로 찬송가를 키보드로 연주하는 장애우를 보면 눈시울이 뜨겁고 애처롭기 그지없다. 입으로 붓을 잡고, 발가락으로 붓을 잡아 그림을 그리는 장애우 화가들을 만나게 되면 그들을 위해 뭔가 할 수 있는 일을 생각해 보기도 한다. 유동삼 중학교 스승님이 80의 고령인데도 시각장애인들에게 농악을 재미있게 가르치는 것을 보고 눈시울이 뜨거워지기도 하였다.

2. 늘 푸른 문화예술단 창단 인형극 등 45회 공연

실버박람회에 갔다가 공익강사 모집에 응모하여 대덕노인종합복지관에 나가게 되었다. 공익강사는 유치원, 어린이 집에 나가 동화구연, 영어, 한자, 시조창 등 다양한 교육을 하는 3세대와 함께 하는 노인 일자리인데 매주 목요일마다 모여 강의도 듣고 여가활동도 한다.

김금자 관장은 마음이 활짝 열린 분으로 하남에 있는 '가나안 농군학교' 에 희망하는 노인들 30여 명에게 교육을 받게 해 줄만큼 선각자이기도 하다. 그 학교는 50년 역사에 60여만 명을 교육시켰는데 노인들이 집단적으로 교육받기는 처음이라고 하였다. 나도 그곳에서 근로, 봉사, 희생정신을 배웠고 조국을 위하여 작은 일이라도 해야 된다는 깨우침을 받았다. 그래서 관장과 협의하여 ' 늘 푸른 문화예술단'을 지난 해 9월에 창단하고 첫 공연을 시작했다. 자랑할 만한 것은 조예가 깊은 지도자를 모셔와 인형극을 배우고 마술을 배워 인형극 팀, 마술 팀을 만들고 사물놀이는 이상하, 합창은 이영림이 지휘, 진점선 반주, 색소폰 연주, 춤, 시조창, 시낭송 등 다양한 프로그램이 있다. "언제나 누구나 어디든 초청하면 공연 합니다" 그동안 복지관, 경로대학, 교회, 노인정 등 30여 곳에 가서 공연을 했는데 떡, 과일, 음료수를 싸들고 가니 대환영을 받고 인형극 공연도 15회나 했다. 공주도 가고 일본 宇部市 총합복지회관에 가서 한 · 일 친선 예술교류회도 갖고 관광도 하는 기쁨도 있었다. 무슨 일이든 열정을 갖고 행하는 관장이 며칠 후엔 대전에 사는 일본인과 한일 예술합동공연도 할 예정이니 재미있고 보람있는 일이 계속되고 문화예술진흥회도 만들기로 했으니 늘 푸른 예술단이 대전의 명물로 사랑 받을 날도 머지않았다.

3. 댄스스포츠와 에어로빅 선수로 전국대회에

노인 종합복지관에서는 다양한 프로그램이 있어 여가를 즐길 수 있는데 노인종합체육대회에 참여할 기회도 있었다. 대전시 노인종합체육대회가 몇 달 전에 충무체육관에서 열렸는데 내가 출전한 댄스 스포츠 팀은 2위, 에어로빅 팀은 1위, 생활체조 팀은 3위를 하였다 그래서 에어로빅 팀은 새로 선수를 선발 전국대회에 출전하기 위해 매주 사나흘 간 2시간씩 연습하는데 나도 새로 참가하였다. 팀장 이영림은 작품을 재미있고 다양하며 신명나게 꾸몄고, 훈련도 부드럽고 철저하게 시켰으며, 관장은 현수막으로 의상을 맞춰주는 등 열성을 다하기에 전국대회에서 상위 입상이 예상된다. 훈련을 받으며 지적도 가끔 받지만 몸도 유연해지고 건강에 도움이 됐으니 입상이 문제가 아니고 24명이 함께 하는 운동이라 기쁨뿐이다. 함께 나들이 가서 관광도 하고 함께 웃기도 하니 얼마나 즐거운 삶인가?

4. 어린이와 청소년을 위한 문화예술대회 22년

6월 5일에는 환경의 날 기념으로 문예사생대회를 연다. 운문, 산문, 그리기, 시화, 서예 다섯 장르에 해마다 1,000~2,000명이 참여 300~400명의 학생과 지도교사에게 상을 준 지 22년이 되었다. 대전광역시와 교육청 등이 후원하고 어린이 문화진흥회 대전충남지회가 주관, 대전대학교, 중도일보사가 공동주최하는데 우수작품전, 시화그림전 등 할 일이 많아 어렵고 힘들지만 보람이 있다.

신음하는 지구촌을 생각하면 환경사랑, 자연보호보전 운동은 미래의 생존을 위해 더 연구 실천할 과제이다. 전국에서 최초로 여는 최대의 행사로 자리매김하고 있으니 보람 있는 일이다. 10월엔 전국 초중고생을 대상으로 충효 문화예술대회가 열린다. 운문, 산문, 그리기, 서예 4분야인데 1,000~2,000명이 참여 300~400명의 학생과 지도교사에게 상을 준다. 이 행사에 집행위원장으로 이것저것 심부름을 하고 있다. 경제 강국이 되었지만 나날이 쇠퇴해가는 정신문화, 나라사랑, 인간사랑, 윤리도덕 등 정신개혁 운동은 청소년과 함께, 전 국민을 재교육시켜야 하고 평생교육으로 의식혁명이 필요한 현실이라고 생각한다.

5. 쓰지 않고 사는 사람은 얼마나 좋을까?

문예교사를 하니 글을 쓰게 되고 문학회도 가입하다 보니 글을 쓸 곳이 열 곳쯤 된다. 원고청탁이 오면 쓰긴 써야겠는데 뜻대로 써지지 않아 몸살을 앓는다. 그래도 쓰긴 써야하기에 재충전이 필요하다고 새로 생긴 글빛사랑문학회 문예창작 1기생으로 입학했다. '갈마동 복 받는 교회' 5층에 위치하여 소설가, 시인인 이완형 문학박사가 강의하는데 신명나고 정성껏 가르치기에 감명 받을 때가 많으니 글도 써질 가능성이 있다. 목사, 부목사, 사모님을 비롯하여 학생부터 연령, 종교와 무관하게 33명을 교육하는데 내가 최고령이지만 생애교육에 나이는 별 문제가 없다. 8월 12일 개강했는데 6주째는 문학기행을 갔다. 남원시 사매면에 위치한 '혼불문학관'은 작년에 대전문인협회 회원들과 한 번 찾아 간 곳이다. 그때는 건성건성 듣기만 하고 왔는데 이번엔 해설사의 설명을 제대로 들었다. 그리고 혼불의 작가 최명희 원고지와 만년필 소재집 등을 보고 눈시울이 뜨거워지기도 했다.

'쓰지 않고 사는 사람은 얼마나 좋을까? 때때로 나는 엎드려 울었다. 도망 다니는 사람처럼 항상 불안하고 외로웠다.

핑계만 있으면 안 써보려고 일부러 한눈을 팔던 처음과 달리 거의 안타까운 심정으로 시작한 이야기 혼불은 드디어 나도 어쩌지 못할 불길로 나를 사로잡고 말았다.'

'원고를 쓰는 것이 바위에 글을 새기듯 쓴다.' 〈작품 일부〉

작품을 완성하며 출판하려고 암 수술을 미루다가 저승으로 간 작가정신, 우리의 삶에서 무엇을 추구하며 살아야 하는가? 사람답게 산다는 것은 무엇인가? 작가의 아픔과 영혼이 아름다운 문학의 숨결이 되어 세상에 널리 퍼지고, 내 맘 속에도 깊이 새겨지듯 감동을 받고 다음 행선지인 오동도로 떠났다.

행복한 나라 함께 만들기

어려운 생활 속에서 웃음을 잃지 않고 씩씩하게 자라는 여러분은 이 나라의 꽃이며 희망입니다.

우리 어린이문화진흥회가 환경사랑 학생문화예술대회를 제1회 환경의 날에 시작한 지 9년이 되었습니다. 올해도 2천 5백여 명이 참여 383명의 학생과 지도교사 열다섯 분이 상을 받아, 지금까지 모두 20,000여 명의 학생이 참여했고 5천여 명의 학생과 선생님이 수상을 했으니 자랑스럽습니다.

해마다 대회를 열고, 우수작품집을 내고 시화, 그림전을 개최하는 것은 자연과 환경사랑을 실천하여 아름다운 대전, 행복한 나라를 만드는데 목적이 있습니다.

행복한 세상은 어린이부터 노인들까지 맑은 공기 깨끗한 물, 푸른 숲을 만들고 모든 생물이 더불어 웃으며 사는 세상입니다. 특히 소년 소녀가장, 홀로노인, 장애우, 가난하고 병든 불우한 이웃을 위하여 돈, 시간, 정성, 사랑을 나누는 복지만두레 봉사활동

1996년부터 2018년까지 환경사랑 문예사생대회를 22년 동안 열고 5천여 명의 청소년들에게 상을 준 것이 가장 큰 일이다.

이 참으로 필요합니다.

복지만두레는 대전시에서 처음 시작하여 이미 79개동에는 상부상조하고 어려운 이웃을 돕고 나누는 공동체가 조직되어 잘 운영되고 있습니다.

우리나라에는 옛날 농경시대에 두레라는 마을단위 일손을 돕는 모임이 있었는데, 어려운 사람들이 많은 오늘날에 절실히 필요한 모임입니다. 대전에는 약 13,641명의 보호대상자가 있어 결연을 맺고 도움을 주며, 나아가 더 많은 어려운 이웃에게 자원봉사활동을 하고 있습니다. 우리 어린이나 청소년들은 동네에서, 학급에서, 어려운 친구들을 위하여 또 마을의 일손을 돕고 환경을 아름답게 가꾸는 자원봉사활동에 적극 참여하기 바랍니다.

그래서 뜻있는 어린이, 학생, 선생님과 시민들이 한국복지만두레 협의회를 만들어 환경사랑과 인간사랑을 함께 실천하여 아름다운 문화선진국민이 되고 세상에서 가장 살기 좋은 나라를 만드는 일을 새로 시작하였습니다.

여러분이 글과 말, 그림과 서예, 시화 등 예술을 통하여 내 마음을 다지고 모든 세계인에게 꿈과 희망을 주는 일꾼, 빛, 꿈나무가 되길 간절히 바랍니다.

대전 100주년과 KTX

나는 새벽 일찍 일어나면 좁다란 화단과 화분에 활짝 핀 갖가지 꽃들을 반갑게 만나 물주는 일부터 시작한다.

자전거를 타고 조용히 흐르는 대전천 옆 자전거 길을 달리며 공사현장을 보고 목척교를 지나면서 시내를 구경하고 나날이 꽃들이 반기는 곳이 많고 새로워지는 모습을 볼 수 있어 기쁘다.

곳곳에 세워진 여러 체육시설에서 운동하는 것도 즐겁고, 6시부터 문창다리 아래서 30여 명 회원들과 함께 생활체조를 빠른 곡에 맞춰 율동하는 것도 신바람난다. 노래교실도 너서 곳 다니는데 어느 곳이든 신명나게 흥겹게 부르는 노래는 눈물이 날 만큼 행복을 느끼게 한다. 대부분 여자들은 30~40명인데 남성은 둘 셋이라 환영 받는다.

1년도 안됐는데, 나는 70대에서 10년은 젊어진 기분이다. 우울증이란 고질병도 깨끗이 나아서 건강하고 행복하기 그지없는 나는 대전문인협회에서 대전 탄생 100주년 글모음집을 대전문학연

대전 100주년 기념사업회를 창립하여 『대전100년사』 발간, 대전을 빛낸 인물 선정 등 1차 사업은 했으나 아직도 제대로 빛을 못보고 있다.

구총서 제6집을 발간하였기에 그 작품들을 읽으며 대전을 더욱 더 사랑하지 않을 수 없었다. 현역 뿐 아니라 작고 문인들의 글 속에서도 대전의 산과 들, 내와 여러 곳의 아름다움이 그림처럼 펼쳐졌다. 어찌 좋지 않으랴. 그런데 시민들은 몰랐다. 택시기사나, 동네주민도 심지어 시청 공무원들도 몰랐다.

9월 20일 시청광장 일원엔, 대전시 118개 NGO 단체들의 푸짐한 한마당 잔치가 벌어졌는데, 참석한 시장, 시의원, 국회의원, 단체장 등 시민 몇 천 명 중 누구도 대전 탄생 100주년이란 낱말은 없었다.

나는 중도일보 김희화 문화부장과 현장에서 만난 사람들과 인터뷰를 하였다. 분명히 시장실 옆에도 대전시 전경이 있고 그 내력도 적혀 있는데 왜 모를까? 나는 이런 내용을 얘기했다. "대전 탄생 100주년, 시민들 무관심이 안타까워." 부여는 개군 100주년

맞아 다양한 행사를 하는데 대조적이라, 기념사업회를 발족시켜 2018년 까지 대전 방문의 해 행사를 추진하겠다는 기사가 보도되도록했다.

대전 100주년 기념 사업안을 써서 당국자와 시민들에게 나눠주었고, 계속 칼럼을 쓰고 100주년 기념사업 프로젝트를 30쪽 인쇄하여, 여러 사람에게 우송하였다. 주 내용은 꽃 천국을 만들어 관광지로 충청도와 연결 경제를 살리고, 음악과 체육의 생활화와 칭찬, 격려, 웃음, 친절 등 인성 교육으로 시민을 행복하게 하자는 내용이다. 때마춰 대전MBC에서는 '충청 100년 내일을 보다'를 곧 방영하기로 했다 한다.

1914년 개편된 대전과 충남의 시군들이 해방, 6.25전쟁 등 정치적 격변기를 거쳐 오늘이 되기까지 발자취를 돌아보고 다가올 100년을 향한 비전을 생각하자는 프로그램이라 한다. 대전은 교통과 과학 행정 중심지로 전진기지로 서해안 시대를 열어갈 도약대에 서 있으며, 충청이 이제 대한의 중추 지역이 된 것을 잊지 말자는 것이다.

11월 1일은 시의 날이며, 대전 탄생 100주년을 기념하여 2014년 청소년 문화축전이 배재대학교 국제교류관에서 열리는 날이다. 제2회 온누리 청소년 시낭송 전국대회가 열렸는데 가야금 병창, 무용, PAMS밴드의 공연도 번사스럽지 않았고 참가 학생, 지도교사, 학부모도 탄성을 질렀다. 시 낭송은 예심을 거쳐 본선에 올라온 122명의 초중고대학 청소년 지도자들이 열심히 시낭송 경연대회에서 실력을 겨루었다.

권선택 시장은 "시가 꽃이라면 낭송은 빛깔 고운 열매"라 했고,

박병석 국회의원은 "문학의 꽃은 시이고 낭송하는 것은 감동을 주는 것"이라고 했으며 주최 주관한 온누리 청소년 문화재단 김기복 이사장은 "시는 언어의 보석이고 낭송은 보석을 가슴에 품는 일"이라고 하였다.

나는 심사위원으로 참석 시를 통해 밝고 맑은 생활분위기를 만들 수 있고, 삶을 아름답게 하는 이런 행사를 적극 장려하길 바라며 김기복님께 감사하지 않을 수 없었다고 했다. 축하해준 설동호 교육감, 김인식 의회의장, 박병석 전국회부의장께도 감사드렸다.

지난 10월 11일 대전청소년단체협의회가 중도일보사와 대전시의 후원으로 주최한 제29회 환경의 날 기념 전국학생문예사생대회가 초라한 행사로 그친데 비해, 예산이 넉넉한 이번 행사는 풍성했기에 시의 지원이 중요함을 깨우치기도 했다. 그런데 이런 신흥 국제도시이며 153만 명이 사는 대전에 KTX가 내년부터는 서울, 오송, 남공주역을 지나고, 서대전역은 폐쇄된다니 이게 정말일까? 어찌된 일일까? 서대전, 논산역을 왕래하는 승객이 연 190만 명이고, 호남선 여객의 3분의 1이라는데 KTX가 서대전역을 경유하면 3,40분이 지연 된다고 아주 폐쇄한다니 어이없는 일이다. 이건 아니다. 빨리만 가면 뭐하나? 손님을 태워야 돈을 벌지, 이런 경제 원리를 무시하는 국토교통부, 코레일, 국무총리, 대통령은 왜 개선하지 않고, 진정서를 보내도 묵묵부답인지 이해할 수 없다. 우리는 범시민운동 본부를 조직했다.

"대전 시민이여! 우리 모두 합심하여 대전 시민에게 불편, 불안을 주는 지도자들에게 경고장을 보내는 서명운동에 동참하기 바랍니다."

새로운 예술을 꿈꾸며

삶을 아름답고 건강하게 사는 길은 좋은 사람을 많이 만나고 좋은 일을 함께 하며 기쁨을 함께 나누는 생활이 아닐까. 그래서 우리는 문화예술을 생활화하고 운동과 건강관리에 최선을 다해야 한다. 황혼에도 풍요로운 삶을 영위해야 한다.

내가 초등학교 4학년 되던 해에 강당에서 학예회를 하는데 우리 담임선생님은 극본을 직접 쓴 '세계 일주 여행'이란 연극 공연을 했다. 그때 수줍음을 많이 타는 나에게 중국옷을 입히고 주인공에게 인사하는 조연을 시켜 주셨다.

그리고 중학교 시절엔 국어 선생님이 가끔 일기 검사를 하시면서 제법 잘 썼구나 하며 칭찬을 해 주셨다. 대전사범에는 유명한 문화예술체육 담당 선생님들이 많아 다양한 예술을 가르쳐 꿈나무들을 교육하도록 하셨다. 그래서 먼 훗날 한국의 문화예술체육계의 중진이나 거목들이 많이 탄생한 원동력이 되었다고 본다.

나도 처음에 교직에 나가서 글쓰기 등 문예지도와 학교신문 문

한국노인사랑운동본부를 찾아가 노인대학을 설립하고 민요와 풍물을 가르쳤다.
22년 동안 이상하, 변창수 단원이 정성을 다했다.

집 발간, 학예회 주최와 예술 공연 등에 열정을 바칠 수 있었던 것은 좋은 교육을 받은 탓이리라. 가르치면서 배워서 현상 감상문, 논문, 수기도 당선하였고 72년도에는 문화공보부가 공모한 동극에 '꽃자리 마을'이 당선되는 행운을 얻은 것도 만남의 은덕이었다.

큰 학교나 섬 분교장에서도 아이들과 즐거운 문예지도를 열정적으로 하였고 신문교환 운동, 동극 서클활동, 국어 교육연구회, 아동문학회, 문학회 등에 참여하고 여러 모임을 창립하고 활동한 것도 만남의 힘이었다.

2000년도에 명예퇴직하고 수영과 등산으로 소일하면서도 환경사랑 학생문예사생대회를 13년간 주최하였고 5년간은 심사위원으로 참여하며 글짓기, 그리기, 서예, 시화 등 초중생 5천여 명,

지도교사 100여 명에게 상을 주고 환경문예를 18년간 발간한 것도 인재들이 많이 나오길 소망한 때문이다. 그리고 21세기 어린이 신문, 충청 교육신문을 창간하는데 협조하여 주간으로 고문으로 지금까지 돕는 것도 글을 사랑하기 때문이다.

나는 대전 금빛평생교육봉사단에 입단하여 여러 친구들과 함께 만나고 교육 받고 봉사할 수 있게 된 것은 크나큰 기쁨이 아닐 수 없다. 우리 전통 팀이 제일 먼저 찾아간 곳은 중등 장애우 모임이 있는 한밭 공설운동장 한 사무실이었다.

되살미봉사단 김 대표와 협의하여 장애우 풍물단을 만들고 새로운 예술의 기쁨을 주기 시작하였다. 재미있고 쉽게 배울 수 있는 창의적인 자료를 개발한 이상하 팀장과 변창수 님 등 도우미와 함께 가르치니 어두운 얼굴들이 차츰 밝아지기 시작했다.

손을 못 써서 발가락으로 북을 치는 소녀, 손발을 못 써서 코로 키보드를 눌러 연주하는 소년, 그리고 눈을 감고 징을 치는 장애우 등 보기에도 안쓰러운 그들은 열정을 다해 배우니 나날이 수준이 높아갔다. 그들과 함께 문화회관, 대전KBS, 식장산 정상 등을 찾아가는 공연의 기쁨을 같이 맛보았다.

드디어 전국 장애인 예술대회가 98년도에 열렸는데 영예의 대상을 받게 되어 차량 도우미, 급식 도우미들과 큰 기쁨을 맛보았다. 그러나 이 기쁨도 몇 해 못 가서 공설운동장의 재수리 공사 관계로 장소를 잃게 되었다. 연습 장소를 아무리 물색해도 마땅한 곳을 못 찾아 중단하지 않을 수 없게 된 것은 참으로 애석한 일이다. 언젠가 다시 시작할 날을 꿈꾸며 기다린다.

다음엔 어려운 노인들이 일주일에 두 차례씩 급식을 해주는 노인사랑운동본부(대표 양태창)를 찾아가 이왕이면 기다리는 시간에 풍물을 배우게 하자고 건의하여 이상하, 류봉선, 변창수님과 함께 노래와 풍물을 배우는 노인대학이 탄생하였다. 시민관, 우송대학 강당 등에서 1년에 몇 차례씩 풍물단은 공연도 하고 노인사랑 축제도 여는 기쁨을 10여 년 넘게 계속하고 있다. 그늘지고 소외된 노인들에게 웃음과 희망의 빛을 주기 위하여 복 받는 교회 최원남 목사님을 만나 노인대학을 만들자고 건의하였다. 80여 분의 노인들이 매주 화요일 가요, 민요, 웃음치료, 레크레이션, 태극권을 배우며 점심까지 대접을 받고 있으니 그 하루는 행복한 웃음이 가득하다.

어버이날과 졸업식 날에도 윤항기 총장(가수) 등 연예인을 초청하고 100세 맞는 노학생을 위해 축하잔치를 동네 사람들과 열어주니 큰 기쁨을 누리는 것이 아닌가? 3년간 개근한 학생에게는 사각모에 졸업복을 입히고 사진도 찍어주고 큰 잔치도 열어주니 감사드리지 않을 수 없다.

모든 경비를 부담하고 도움을 주는 교회 측의 청남대 등 관광지를 무료 여행도 시켜주는 것은 최 목사님이 백령도란 섬에서 태어나 갖은 고생을 다하며 자랐기에 그 한이 승화되어 노인 공경의 뜻을 펼치는 것이 아닐까? 오래 지속되길 기원한다.

나도 20여 년 전에 대전 어린이문화진흥회를 창립하고 대전 새교육공동체, 국제 청소년문화원도 함께 만들어 어린이, 청소년, 노인들을 위한 강의, 토론회, 순회예술공연, 회보 발간 등 다양한 활동을 하고 있다.

2003년도엔 대덕노인종합복지관(관장 김금자, 지금은 대덕구의회 의장임)에 들어가 노인 일자리 사업을 하는데 예술에 뜻을 같이 하는 회원들과 늘 푸른 예술단을 창단하고 경로당, 노인대학, 수련원 대강당, 엑스포과학공원 등을 찾아가 예술공연을 백여 회 이상 하였다.

특히 합창단, 에어로빅 팀, 댄스스포츠 팀 등을 만들어 이영림 팀장이 주축이 되어 창의적인 방법으로 수련한 결과 대전 생활체육대회에서 최우수상을 받고 2006년은 전주에서 열린 제1회 전국대회에서 에어로빅 팀이 대상을 받았고 광명시에서 열린 경연대회에서는 대학 팀을 물리치고 준우승을 하였다. 2007년엔 댄스스포츠 팀이 이팔청춘상을 받고 천안 홍타령축제에서는 에어로빅 팀이 상금 300만원과 은상을 수상하며 노인 큰 잔치와 축제 등 봉사활동을 계속하였으니 그때가 늘 푸른 예술단의 전성시대요 최고의 해였다.

특히 도자기, 인형극, 마술을 배워 어린이 집과 유치원을 찾아가거나 초청하여 공연을 하니 얼마나 좋아했던가. 잊을 수 없는 일은 2005년 12월 13일 일본 우베시 초청으로 한일 친선교류회를 연 것이다. 우베시 총연합복지회관에서 여러 가지 예술 문화와 재능을 서로 선보이며 손잡고 대화하며 웃음을 나누었다. 온천, 활화산 등을 관광하며 아직도 먼 나라인 일본과 가까운 이웃이 돼야 국익이란 생각도 해보았다.

지금은 100세 시대, 남은여생 후회하지 않는 삶이 되도록 예술과 건강을 생활화하며 살겠다.

아름답고 행복한 시민 되기 운동

우리 고장을 아끼고 사랑하는 모든 시민이 대전을 세계에서 가장 아름답고 행복한 낙원으로 만들려고 한다.

지금까지 한국에서 살기 좋은 도시로 평가받고 있으나, 환경이나 경제, 문화, 예술, 과학, 사회 등 전반적으로 부실 부족한 점이 대단히 많은 것도 사실이다.

이제 또 다시 100년을 향하여 40년 전 대덕과학연구단지 탄생과 93 대전엑스포를 유치 성공적 개최를 한 것처럼 비약적인 발전과 153만 시민들이 모두 행복하고 살기 좋은 도시로 만들고자 한다.

대전시민은 가정, 마을, 공원, 학교, 실내외 등에서 하루 2시간 이상씩 운동(체조, 율동, 걷기, 달리기, 체육시설이용, 생활체조, 태극권, 기공체조, 에어로빅, 댄스스포츠 등)을 하여 몸과 마음을 튼튼히 한다.

예체능의 생활화와 평생교육운동은 시민의 건강과 행복을 위한 필수 사업이 아닐까?
충무생활체조팀에 10여년 참여했다.

대전 시민은 누구나 언제 어디서나 틈만 나면 노래를 듣고 부른다.(가요, 가곡, 동요, 찬송가, 찬불가) 라디오, TV, 음악회, 연주회, 독창회, 합창대회, 노래교실에 가서 배우면 마음은 즐겁고, 신명나고 스트레스가 해소되어 행복하다.

어린이, 노인 등 모든 시민은 좋은 스승을 만나 즐겁게 배워야 한다. 부모가 제일 큰 스승이 되고 본을 보여야 한다.

평생학습관, 시민대학, 노인대학, 어머니교실, 어린이집, 유치원, 학교 등에서 배운 것을 메모하거나 일기쓰기, 감상문쓰기를 하면 더 좋다.

책, TV도 좋은 스승이고 노래강사, 체조강사 등 스승은 우리 주변에 많이 있다.

예총, 문화원, 구청, NGO가 주최 주관하는 모든 문화예술행사에 모든 시민이 관람할 수 있도록 홍보하고, 적은 비용으로 관람케 해야 한다.

체육, 문화예술의 생활화는 행복의 가장 큰 영양소이다.

마을마다 작은 도서관, 문화센터, 공연장을 만들고 누구나 예술활동을 하도록 장려해야 한다.

시청, 구청, 교육청, 문화재단 등은 시민들의 행복을 위한 투자를 많이 해야 한다.

대전 경제 살리기와 문화발전을 위해 770만 해외동포 1억 명의 관광객을 대전, 부여, 공주 등에서 백제문화를 관광케 해야 한다.

대전과 자매결연한 외국 8개 도시와 문화예술단체가 교류하는 10여 개국에 홍보하고 한글문화와 한류가 파급되고, 서로 왕래하여 세계의 신흥 중심도시 대전을 관광지화 해야 한다.

과학연구단지, 대청호, 예술의전당, 이응노미술관, 예술의 마을, 오월드 만인산휴게소, 유림공원, 한밭수목원을 더 아름답게 가꾸고 경주 생동마을처럼 많은 투자를 하여 대전낙원만들기를 해야 한다.

특히 엑스포과학공원이 대전 관광의 명소가 되도록 지혜를 모아야 한다. KTX 서대전역 경유가 범시민운동본부 뜻대로 서울, 천안, 조치원, 대전, 계룡시, 논산을 거쳐 광주로 가도록 운행을 재개하는게 필수이다.

행복전도사

지금은 '100세 시대'란 노래가 널리 퍼지고 있다. '사랑하는 친구들이 어깨를 부딪치며 아싸아싸 춤을 추어요. 노래에 맞추어 쿵짝짝 박수를 치며 신나게 노래를 불러요. 구구 팔팔 백세를 향하여~' 100세까지 건강하고 행복하게 사는 길이 이 가사에 모두 있다.

나도 새벽 두세 시에 일어나는데, 밖으로 나와 심호흡을 몇 번 하고 손발을 흔들어보고, MP3에 맞춰 율동을 잠시 한다.

그리고 10여 평의 화단과 크고 작은 화분 200여 개에 심어 놓은 아욱, 상추, 가지, 고추, 과꽃, 달리아 등에 물주기를 하면서 거름도 주고 바로 세워주기, 옮겨심기 등을 하다보면 한두 시간은 금방 간다.

어제 보다만 신문 3가지를 한번 보고 버리기 아까운 사설, 광고, 기사, 작품들을 오리고 붙이는 스크랩을 한 두 시간 한다.

이것은 지혜와 새 소식과 함께 글쓰기의 중요 자료이며 재미도 쏠쏠하여 몇십 년째 계속 하고 있다.

5시 반쯤 자전거를 타고 하상도로를 달리기도 하고, 화분의 흙을 파오기도 하고 재활용품을 줍기도 한다.

6시가 되면 문창교 아래서 송승희 강사의 지도로 생활체조를 배우는데, 빠른 템포의 곡에 따라 손, 발, 온 몸를 흔들고 움직이는데 그 기분은 첫사랑의 맛 같이 상쾌하다.

너무 너무 신명이 나서 아는 노래가 나오면 따라 부르며 춤추기도 하고, 감탄하는 소리도 크게 지른다.

나는 생활체조야 말로 백세까지 건강하게 사는 제일 좋은 습관이요 보배며 원동력으로 여긴다.

"구경 좀 하세요. 5분만 하세요." 나는 건강 전도사가 되어 오가는 시민에게 전하지만 몇 명 빼곤 웃고 지나간다. 나는 이 말 한 마디가 인간 사랑의 실천으로 알고 계속할 작정이다.

나는 노래야 말로 하늘이 주신 가장 값지고 위대한 선물로 알고 깊이 감사드린다.

새벽부터 들리는 라디오의 음악소리, 찬송가 소리, 애절한 소리, 신명나는 노래 등 애간장을 타게도 하고 울리고 웃기고 흔들지 않고는 못 배기는 희로애락을 담고, 사랑 노래에 빠지면 행복 만점이다.

나는 일주일에 네 번 노래교실에 가는데, 어디 가든 귀빈 대접을 받고, 무대에 나가 마음껏 흔드는 특혜도 남자라 받는다.

소리소리 지르며, 합창하며 율동을 하면 엔돌핀은 쫙쫙 나오고 스트레스는 영이다.

나는 사범학교 시절에 합창단원으로 예술제에도 나갔고, 대덕노인종합복지관에 다닐 때 늘푸른예술단을 창단 이영림 스승의 지휘로 추억어린 여러 가곡을 배웠다. 소년시절로 돌아가 부르는 합창은 언제나 청춘으로 희망을 주고 꿈꾸게 하였다.

나는 종합예술단, 행복예술단 등을 만들어 유능한 인재들과 재능을 기부하며 즐겁게 살았고, 에어로빅, 생활체조, 댄스스포츠, 합창 등 전국노인생활체육대회에 대상, 금상, 은상, 동상, 장려상을 받아 상금으로 대덕구 노인잔치까지 했었다.

나는 틈나는 대로 친구들과 아내와 하상도로를 걷고, 금요일이면 10시에 대사 8회 동창 30여 명과 등산을 한다.

한 주는 보문산, 한 주는 장안봉, 그 다음은 지족산, 수통골, 식장산 등을 걸으며 학창시절 얘기, 건강 새 소식, 유머 등을 주고받으며 희희낙락 하는게 그렇게 좋은지 몰랐다.

고정식당을 정하여 맛있게 먹는 점심은 언제나 꿀맛이다.

우리 사회에도 김밥 할머니가 충남대 정심화홀이란 문화시설을 기증했고, 유일한 박사도 유한양행 전 재산을 사회에 헌납하는 등 참으로 귀한 애국인이 많다.

한편 총리로 지명됐던 안대희 변호사는 대법관 출신인데, 하루에 수임료를 무려 1천만 원씩 받았는데, 이런 변호사를 총리후보로 지명한 분의 의식이 문제다. 이런 분이 어떻게 부정부패 관피아를 척결하고 국가를 개조하겠는가?

더욱 한심한 것은 어느 재벌회장의 하룻밤 교도소비가 5억 원으로 판결한 환관인 광주의 어느 법관은 상상을 초월한다.

이런 분들이 사법부의 정의사회구현을 가로 막으며 주민의 불신을 받아 유전무죄, 무전유죄란 몹쓸 말이 사실로 밝혀지기도 한다. 불신의 대상이 된 것이 아쉽다.

SK그룹 최 회장이 연봉 301억 원을 안 받고 회사에 기부한 것은 제 회사에 제 돈 준 것일 뿐, 사회에 기부하면 얼마나 좋았을까?

정몽준 대재벌총수가 서울시장이 되면 연봉을 안 받겠다고 하였으나 낙선, 시장을 돈 주고 사겠다는 유혹을 서울 시민은 용납하지 않고 내친 것이 아닐까?

낙선했어도 나라 위해 그 많은 재산 중 일부는 국가에 헌납하길 바란다.

우리나라는 재벌왕국이다. 모든 백화점, 마트, 할인점, 아파트, 건설회사, 돈 되는 곳은 삼성, 현대, SK, 롯데, 기아, 한화, 두산 등 재벌이 차지하고, 프로야구, 농구, 배구 등도 이들이 차지했다.

이들은 어떻게 큰돈을 모았을까? 사카린 밀가루, 시멘트 밀수, 독과점 판매, 탈세 부정, 비리, 갑을 관계, 중소기업 제품 때려 깎기, 빼앗기, 기술 이전시키기, 기술자 영입 등 온갖 못된 짓을 다 했다. 법원에 끌려가 재판을 받았으나 몇 년 후엔 모두 살아나 승승장구 재벌 공화국, 왕국을 세우고 있다.

정치인, 고위 공무원, 담당 공무원까지 후원금 뇌물 안 받은 사람이 거의 없을 정도로 이 나라는 부패가 관행이다.

대통령은 선거법 위반 시 30배~50배 벌금을 물려 선거가 깨끗해 진 것처럼 큰 결단을 내리면 2,500조 가계부채가 포함된 나라빚 갚는데 큰 도움이 될 것이다.

충무공 이순신 장군의 12척 용기, 천만의 용기처럼 오늘 이 땅에 희망의 회오리 바람을 되도록 모든 범죄와 관피아 등 모든 피아를 척결하여 새나라 세우길 소망한다.

광복 69년, 나라사랑은 정의의 실천부터 시작해야 한다.

세종대왕은 500년 전에 정적을 정승으로 모셔와 황희 정승을 18년간 하게 했고, 불경스런 신하들의 말도 경청하여 위대한 한글과 측우기, 해시계, 활자, 아악을 발전시켰다.

외솔 최현배 선생은 종이 한 장도 공사를 구별했고, 승용차도 사적으로 쓰지 않은 청백리였으며, 반대자들과도 손잡고 한글단체를 만들었고, 전라도 처녀를 자기 맏며느리로 삼아 지역감정 해소에 모범을 보였다.

왜 지금은 이런 선각자가 없어 탐욕과 비리투성이인 인물들을 총리, 장관 등 고위직을 시키는지, 깨끗한 인사들이 많고 많건만 왜 편파주의 수첩 공주의 비웃음 사고 있는지 안타깝다. 마음을 활짝 열어 야당과 소통하고 화합하여 난국을 헤쳐나가길 기대한다.

위태롭고 병든 이 나라에 참 어른 교황이 왔다.

이 나라엔 리더가 없어 방황하다가 '명량' 영화에서 충무공을 보고 리더십 갈망 열풍에 관객이 1,500만을 바라보고 있다는 기쁜 소식이다.

충무공처럼 교황은 진정성을 보이고 기댈만한 리더십을 못 찾는 한국인들 품에 열망을 안겨주고 있다.

위안부 할머니 등 약자를 챙겨주는데 이 나라 지도자들은 왜 그들을 따뜻하게 보듬지 못하고 조금밖에 돕지 못하는지, 교황은 어린이와 함께 젊은이들을 가장 아끼면서 깨어 있어야 한다고 강조하였다.

갈라진 이 민족에게 평화를 내려 주시고, 전쟁 없는 평화뿐 아니라 정의가 승리하는 나라가 되어야 한다고 했다.

평화와 대화와 협력을 한국은 모르는지 세월호 정국은 여전히 평행선, 목 타는 국민의 소리 외면하는 당국은 석고대죄하고 유가족의 뜻을 받들어야 한다.

우리 지성인들, 작가들은 세종, 충무공, 교황정신 본받아 진정이 나라의 행복 전도사가 되길 소망한다.

스승 찾기와 인간 사랑운동

좋은 스승, 위대한 스승을 알고 만날 수 있는 삶은 아름답고 다행한 일이다. 세계에서 가장 위대한 문자, 한글을 만드신 세종대왕은 인간을 가장 사랑했고, 음악(아악) · 예술 · 과학 · 기술을 존중, 학자들로 하여금 발명 발전 보급시킨 넉넉한 성군이었다.

집현전에 많은 학자들을 모아 연구케 하였고, 정적인 황희도 정승으로 모셨고, 왕과 신하의 토론도 200여 회 하였고, 불경스러운 반대 의견도 끝까지 경청하였다.

오늘날 한국이 세계 경제 대국이 된 것도 한글 때문에 IT 컴퓨터 산업의 대국, 선진국이 된 것이다. 그 정신을 이어받은 외솔 최현배 선생은 한평생 한글을 연구 보급 발전하는데 바치셨고, 한류시대 한국문학을 세계에 꽃 피울 수 있는 터전을 마련하셨다.

종이 한 장도 공용 사용을 구분했고, 배당된 자동차도 사적으론 사용치 않았으며, 강의료도 두 군데 중 한 곳에서만 받아 청백리상을 받은 올곧은 분이었다.

하루 수임료 1천만 원을 받은 안 전 대법관, 친일파와 같은 사관을 가진 문창극, 제자의 논문을 표절한 김명수, 차떼기 선거자금에 연루된 국가정보원장 후보, 박 정권 청문회에 나온 고위 공직자들도 한결같이 깨끗한 분이 한 분도 없으니 참으로 안타까운 일이 아닐 수 없다. 그리고 잘못이 있으면 공직자가 되겠다는 생각을 버리고 돈 많이 벌어 잘 살면 되지, 권력까지 얻어 국가와 민족을 위해 뭘 하겠다고 수락하는지 애처롭다.

팔도강산에 외솔 같은 청백리가 하나도 없단 말인가? 총리 하나 지명 할 수 없는 나라, 총리 지명하면 고사부터 하는 지도자들, 세종정신을 본받는 교육부터 시켜야 할 것 같다. 나도 세종, 외솔, 단재 사상을 배워서 인간 사랑운동본부를 만들고 좋은 스승 찾기에 나섰다. 새벽 4시에 도서관에서 공부하는 제자들에게 빵, 우유를 주는 산타 같은 건양대 김희수 총장은 시험 기간에 학생들을 격려하기 14년째, 80대지만 20대 제자들과 소통을 잘하는 친근한 스승이시다. 매년 스승의 날이면 스승에 대해 축하와 건강, 행복을 기원하고 은혜에 보답, 감사 인사를 전한다고.

6년째 삼락회원을 초청하는 김형태 한남대 총장, 그는 학생 대표와 합창단, 대학원장을 비롯한 모든 임직원이 참석하는 전교적인 행사로 특별 강연을 하고, 관련 칼럼을 인쇄하여 주는 행동하는 지성인이다. 김 총장은 재학생들에게 스승의 은혜에 보답하고 감사의 인사를 전하는 환경을 조성하여 명문 기독교대학으로 도약하고자 한다고 목적을 밝혔다.

기독교는 사랑을 실천하고, 이웃사랑 · 부모사랑 · 인간사랑을 가장 중요한 덕목으로 하는 종교로 알고 있다.

불교의 자비, 유교의 인도 가장 중요한 것은 사랑임을 명시하고 있다. 김 총장의 칼럼에도 강소천의 '스승의 은혜', 도종환의 '그대 가슴엔 종이 배 하나라도 뜨는가?'란 시도 인용하고, 어렸을 때 산과 바다에 대한 명언을 인용하기도 하며 쉽고 감동적인 글이 많다.

대사를 졸업하고 교사, 신문사 기자, 편집국장, 사장, 회장을 지내다가 충남역사문화연구원장, 세종시 부시장을 지낸 변평섭 언론인은 명칼럼 쓰기로 유명했다.

국회의원에 출마했다가 낙선한 것, 유명한 일화로 남았는데 청소년을 위한 글과 말을 많이 하는 스승으로 새 출발하기 바란다.

초등교사이면서 공주사대를 졸업하고 고교 교사, 서울 교육대학 교수, 교무처장, 이학박사, 명예교수로 평생을 바친 최영재 친구는 자신의 시체도 의학계의 연구대상으로 쓰라고 헌신했고, 부인도 오랜 세월 시각 장애인이 되어 뒷바라지한 착한 남편이었기에 좋은 스승이다.

너무 힘든 삶이었다고 쉬고 싶다고 했으나 과학기술과 예술의 융합발전을 위한 새로운 길을 걸어 국가에 헌신하기 바란다.

대사 졸업 후 교사, 교수, 교육위원, 교육감, 석좌교수, 대학총장을 하고 있는 홍성표 박사도 좋은 글을 많이 쓰는 작가로 청소년과 국민들을 위해 헌신하고, 그동안 스승의 길을 걸어오면서 청소년과 국가에 이바지하고 있어 늘 고맙다.

평생을 제2인자로 충청도의 수장으로 정계에서 활약한 김종필 전 총리, 옥천 영동 보은에서 몇 차례 당선했던 이용희 전 국회부의장, 김덕규 전 국회부의장도 서울에서 당선 고향과 모교 대사를 빛냈기에 초심을 잃지 말고 국민과 청소년을 위한 좋은 스승이 되기 바란다.

나는 지난해 대사 총동창회에서 이은구 회장의 인사말에서 건강하려면 아침 먹고 천보, 점심 먹고 천보, 저녁 먹고 천보씩 걸으란 말과 평생 같이 하는 친구 10명은 있어야 한다는 말을 듣고 즉시 실천하여 건강도 찾고 친구도 찾은 기쁨은 그리 쉽지는 않았다.

나도 이은구 회장의 저서 '안 되면 될 때까지', '역발상', '괴짜 사장의 역발상', 칼럼 제7집과 제12집을 읽으며 감동 감화를 깊이 받았다. 그는 초등학교 때 별명이 '쏘피스트'였다. 친구들의 대화 중 틀린 말, 틀린 생각을 톡톡 짚어주기 때문에 붙여진 별명이었다. 교사로 활동하던 15년은 '컴퓨터'였다. 작품은 재평가해도 95%이상 첫 번째 점수와 같아서 붙여진 별명이었다. 조경 시설업을 하던 30년 동안은 토종 옹고집, 노가다 맹장, 시스템 사장, 괴짜 사장 등 KBS 등에서 다큐멘터리 제작 시에 작가들에 의해 붙여진 별명이다.

"잠도 안자고 글 쓰냐? 사업은 언제 하고 글 쓰느냐?"

글 쓰는 시간이 아주 짧다. 일과 시작 전 10~20분 매주 금요일마다 쓰면 족했다. 그의 글은 쉽고 읽기 편하고 깨우치게 하는 글이다. 그의 글대로, 생각대로 실천한다면 성공하지 않을 수 없다.

그의 생각은 정확하고 바르고 순결하고 진정성이 있다. 나도 그의 깊은 뜻을 알 것 같다. 부정, 비리 기사로 가득한 신문 보기 짜증난다. 고위 공직자들의 생활 태도가 바뀌어야 부정부패가 사라질 것이다.

지금보다 더 행복하고 희망이 넘쳐나는 세상이 되기 위하여 나는 이은구의 사상과 삶과 기업가로 걸어온 길을 우리의 청소년들에게 알리고 싶다.

갈 길을 몰라 방황하고 할 일을 못 찾아 아우성치는 한국의 청소년들을 위하여 우리는 바른 교육을 하고 좋은 스승을 찾아 길을 가게 해야 한다.

스승으로 많이 알기도 하고 바른 생각을 하고 행동을 해야 하는데 모범적인 사람이 이 회장이다.

"매일 매일 달라져라. 성공할 것이다."

26년 외길로 이어온 역발상의 두 주인공, 상식을 때려 엎는 그의 뚝심, 앞으로도 강한 힘으로 세상을 돌파할 것이다.

지적재산권 163개를 확보한 아이디어맨이고 시련과 아픔을 통해 요동치는 세상을 뒤집어 보고 잘못은 가차 없이 지적하는 그는 정의의 인이다.

제시하는 성공 기법과 이 사회에 제안하는 역발상의 내용을 들어보니 재미가 있다. 그는 선생님들이 중학교 입학금을 대주었고, 대사를 나와 15년간 미술교사를 하다 사표를 냈다.

학교에 사무용품류를 납품하다 제조 설비업을 하고, 아이디어로 (주)신이랜드를 창립하였는데 그는 이렇게 살았다.

안 되면 안 되는 이유를 끝까지 찾아 해결했다.

실수한 원인을 찾아내면 상도 탔다.

경쟁업체에서 스카우트는 하지 않았다.

외상은 하지도 주지도 않았다.

대금 30% 입금해야 계약으로 간주했다.

믿으면 100%, 아니면 아예 믿지 않았다.

불필요한 접대는 하지 않았다.

이 회장은 아주 작은 기업으로 시작 큰 기업으로 키운 기업인이고, 역발상을 하는 창의적이며 혁신적인 교육자이며 사상가이다. 이 회장은 발명특허, 실용신안, 의장 등 1,708여 종의 특허를 보유하고 있으며, 놀이시설, 휴식시설, 체력 단련시설 등 800여 종의 고유 브랜드를 개발 전국에 보급하고 있다.

그는 언제나 도전하는 삶을 살고 있다. 가난에, 배움에, 노가다 판에, 중소기업의 운명에 도전했다. 막노동 현장의 암담에서도 좌절하지 않았다. 그는 승리했고 그의 꿈은 지금도 진행 중이다.

실천 강령은 신속 · 정확 · 정직 · 필승 · 공평무사, 을이 갑을 관리하며 일하는 회사, 갑 : 발주자, 을 : 신이랜드.

인간 사랑운동본부는 이은구 사장을 이 시대의 좋은 스승으로 알고 그의 사상을 청소년들과 온 국민들에게 널리 알리고 본받게 하겠다고 했다.

좋은 스승 찾아 배우기, 과학과 예술의 융합으로 살기 좋은 세상 만들기, 지혜와 경륜, 재능 나누어 주는 기쁨 알기, 기독교, 불교, 천주교, 유교, 이슬람교 등 종교인들이 상호 존중하여 세계 종교전쟁, 이념전쟁, 핵전쟁 예방하기, 빈부, 지역, 성 차별 없는 사회 만들기, 인간사랑은 나부터 함께 실천하는 문화정신에서 시작한다.

나는 아침 6시부터 문창교 밑에서 생활체조를 1시간 동안 신명나게 하고, 10시면 노래교실에 가서 1시간 반 동안 노래를 배운다. 기가 막히게 즐겁고 신나는 율동을 하는데 일주일에 4번

하고, 일요일엔 찬불가, 찬송가를 30분씩 가요처럼 율동하며 부른다. 금요일엔 보문산, 식장산, 지족산, 장안봉, 금수봉을 돌아가며 땀 뻘뻘 숨 헉헉하면서 30여 대사 8회 동창들과 다니고 웃으며 얘기하고 맛있게 점심도 먹는다.

오랜 동안 갈등 속에서 서로 멀리하던 문학단체와 장들을 소통화합하는 모임을 만들었고, KTX가 오송역이 생기면 서대전역을 폐쇄한다기에 서대전역을 경유하라는 대전시민운동을 도한호, 임기원, 전채근, 사재동, 이완순, 안태승 등 백여 명과 함께 서명운동을 하고, 경제원리, 승객이 왕이라는 상식도 모르는 코레일 최 사장, 국토교통부장관, 국무총리, 국회의장, 대통령에게 진정서, 탄원서, 공개 토론회를 요청하는 등 시민운동을 같이 한다.

발전하여 세월호참사사건 후 인간사랑운동본부를 창립하고 세종대왕, 외솔 사상 본받자는 운동도 하고 있다.

나는 '교육 혁명을 일으키자' '정신 혁명을 일으키자'는 박근혜 대통령의 제안에 적극 찬동하며 사회개혁, 정치개혁, 재벌개혁도 함께 일으켜 국가개조를 혁신적으로 새로 짜길 간절히 바라는 국민이다.

먼저 대통령과 비서실장, 국무총리, 국회의장, 의원, 삼성, 현대, 롯데, 한화 등 고위층과 재벌이 먼저 하길, 나부터 하길 간절히 소망한다.

법피아, 관피아, 교육피아, 세무피아 등 잘못된 전관예우는 모두 사라지게 하고, 전국 팔도강산에서 인재를 등용 능력 있으면 노비에게도 기회를 주고 정적도 정승으로 모신 세종대왕의 뜻을 본받기 바란다.

건강을 위하여

이 세상에서 건강한 삶만큼 소중한 것이 없음을 모르는 사람은 거의 없다. 그런데 건강을 위하여 좋다는 약이나 기구를 사는 사람은 많으나 자기 몸 관리를 잘 하는 사람은 적은 편이다.

나 또한 예외는 아니어서 죽을 지경에 이르러서야 깊이 뉘우치고 건강학을 배우고 시간과 돈과 땀을 아끼지 않게 되었으니 자칫하면 큰일 날뻔했다.

내가 덤 인생으로 알고 모든 것에 감사하며 너그럽게 웃고 살기 시작한 지는 5년쯤 되었다. 과욕, 과식, 과음 등을 버리고 순리대로 마음을 비우고 살 수 있는 것이 건강의 첫걸음이 아닐까?

직장이나 가정에서 사회생활을 하면서 속기도 하고 억울한 일, 속상한 일이 있지만 나는 거의 웃어넘겨 스트레스를 받지 않고 이해하며 산다.

다음은 광장을 찾아다니며 노래에 맞춰 생활체조를 새벽 6시부터 1시간가량 하기 10여 년 되니 마음은 언제나 상쾌하고 몸도

몸은 늙었어도 마음은 싱싱, 몸도 싱싱
최운산 노인은 여름, 겨울 체육복 선물을 받고 보답하려 애쓰셨다.

가볍다. 그런데 한 달 전부터는 생활체조는 20분가량 하고 한밭 공설운동장에서 충무도인 체조를 40분가량 계속하고 있다.

이것은 기체조라고도 하고 단학선원에서 지도자가 와서 때때로 가르치기에 단학기체조라고도 하는데 호흡을 배꼽 아래로 모으고 단전호흡부터 손뼉치기, 어깨 두드리기, 손가락 깍지 끼고 비틀기, 손발 뻗기, 주무르기 등 온몸 구석구석까지 자극을 주는 운동이기에 노약자, 병자는 물론 건강인에게도 가장 과학적으로 좋은 체조라고 생각한다.

운동장이나 넓은 장소만 있고 지도자만 있으면 누구나 즐겨 할 수 있는 이 기체조를 지금 생활체육협의회 산하 단체로 가입시키기 위해 힘쓰고 있는데 꼭 이뤄져서 온 국민이 활기를 찾고 체력을 길러 국난을 극복하고 건강한 삶을 영위하기를 빌며, 기체조의 생활화 운동을 펼치고 싶다.

다음은 과식, 과로, 과욕 등을 금하고 8분식 조금 적게 먹고 꼭꼭 씹어 먹고 미련하게 일하거나 욕심을 버리고 가볍게 산다면 몸과 마음은 언제나 건강을 유지할 수 있을 것이다.

등산도 가끔 해서 맑은 공기도 마시고 극장, 도서관, 음악회, 전시회 등도 찾아다니며 명상의 시간과 사람 만나는 시간도 가끔 갖는다면 그 이상 행복은 무엇이 또 있을까? 그러나 모든 일은 정성을 다하여야 하고 남에게 해 끼치는 일만 안한다면 그 이상 바랄게 없는 삶이 아닐까?

요즘 갑자기 세상을 떠나는 가까운 사람들이 많다. 간염, 간경화, 간암, 위암, 폐암 등 난치병에 걸려 고생하는 분들도 많다. 순리치유법을 창안하여 수만 명을 교육시키고 있는 옥미조 원장(전직 교장)은 한국인은 어느 나라 사람보다도 더 흥분 잘하고 잘 싸우고 병이 잘 걸린다고 한다. 또 술, 인스턴트식품 특히 폭탄주 등을 많이 마셔 세계 1위의 음주 국가이기에 간장병이 많다고 한다.

옥 원장은 병은 간단히 오는데 간단히 온 병이 중병을 만들기도 하고, 아무리 중병이라도 간단한 원리로 고칠 수 있어 거제도에 요양원을 만들었다고 한다. 원리를 따르고 가르쳐 주고 이해시켜 주는 순리치유법은 지압, 식이요법, 산림요법, 천연요법, 일광욕, 단식 등 돈을 안들이고 병을 고치는 신기한 요법인데 많은 성공 실적이 있다고 한다.

세상을 바꾸는 문학운동

우리나라가 반만년의 역사를 지켜 온 것은 슬기로운 문화민족으로 우리의 얼과 말글이 살아 있었기 때문이기도 하다. 그런데 아직도 우리 사회는 일본말을 즐겨 쓰고 있으며, 그 어려운 한자말을 쓰며 어려서부터 가르쳐야 한다는 일부 기성세대의 목소리가 정말 실현될 것 같아 두렵다. 새 천년문화는 빠르게 변하는데 한자타령이나 하니 한심하기도 하다. 세계화 국제화의 정보 문화시대라 영어교육이 이미 초등학생에게까지 시행됨은 어쩔 수 없는 일이나 외래어의 홍수 속에서 우리의 소중한 낱말이 사라져 가고 있으며 나쁜 정보 문화의 순간 전달로 우리의 얼까지 멍들어 가고 있어 깊이 걱정스럽다.

정신문화의 황폐화는 군사독재 시절부터 용공조작과 탄압으로 믿음과 신뢰가 사라지고부터이다. 수단방법을 가리지 않고 권력 · 금력을 잡는 것만이 출세요 성공이란 물질을 추구하는 세상이 되어 버렸다.

전국 작가들을 초청하여 1박2일 한국지역문학행사를 고아주에서 해마다 여는 황하택 이사장과 함께

우리 사회의 고질적인 부패와 비리, 부끄러움을 모르는 파렴치한 언행은 사회 지배층일수록 더욱 심각하여 망국적인 지역감정 부추기기, 회개할 줄 모르는 정파 싸움은 국민들을 절망과 갈등의 늪에 빠지게 하고 있다.

그러나 우리는 희생봉사하며 밝은 세상을 만들려고 애쓰는 사람, 문화 시민들이 많이 있기에 희망을 가질 수 있다.

이제 우리는 다시 태어나야 한다.

깨어있는 국민이 정치, 경제, 사회, 종교, 언론, 교육 등을 좀 더 비판적으로 바라보고 바른 길로 가도록 신문, 방송, 영상매체는 물론 직장에서 깨우쳐 줘야하고, 정책에 반영시켜야 하며 서로 연대하고 연합하여야 새천년의 문화선진국이 될 수 있다.

평생교육의 장을 텔레비전이나 신문, 책을 비롯해서 도서관, 학교 등 전 기관, 기업체 등으로 확산시켜야 하며 모든 국민이 메모하기, 일기 쓰기, 편지 쓰기, 토론하기, 듣고 표현하기 등 국어 교육을 더욱 강화해야 한다. 청소년을 위한 문화 공간을 확보하고 정부에서 적극 지원하는 것도 시급하다.

국민문학운동은 전 국민이 책을 가까이 하고 글쓰기를 생활화하여 문화민족의 긍지를 살리자는 문화운동이다.

좋은 책, 좋은 스승을 찾아 배우고 배운 것을 자녀에게 가르치고 행동으로 옮겨 어지러운 나라를 바로 세우자는 교육운동이다.

문학예술 교류회와 비상

대구의 힘, 예술의 힘 '대구 무르익는 가을빛에 젖다' 예술제가 지난해 11월 4일부터 열렸다. 대전문협에서는 권득용 회장을 비롯 다섯 임원이 참석 대구 문협을 비롯한 전국의 6대 광역시와 제주도, 회장단, 그리고 전국 예총 회장단과 상호 교류하는 시간을 가졌다.

식전 행사나 식후 행사에 오프닝, 오카리나, 앙상블, 색소폰 연주. 10월의 어느 멋진 날에 등을 들으며 아름다운 세계로 빠졌다. 축배의 노래가 대전문협 부회장 노금선 시인의 행사에 어울리는 개작한 시 낭송과 함께 열렬한 환호를 받았다.

문학 행사를 풍요롭게 하고 감동 감화를 주기 위해선 음악과 공생하는 것이 필연이고 자연스럽다. 본 행사는 '상화 정신, 대구를 넘어 세계로'가 포럼 주제였다.

우리 근대사에 큰 자취를 남긴 시인, 폭풍처럼 살다간 파란의 생애는 저항적 서정시 '빼앗긴 들에도 봄은 오는가.'에서 알 수

1973년 내가 72년에 등단하고 최초로 대전 · 충남아동문학회 창립을 발기하였다.
2018년까지 45년 동안 세미나도 하고 『푸른메아리』 문집도 발간하였다.

있다.

조국의 참담한 현실, 살아남기 위해 굴종을 숙명으로 알며 변절한 수많은 사람들에 대한 슬픔과 울분, 통곡을 느낄 수 있다.

우리는 전국 각 지역 문인들과 토론하고 대화하며 하룻밤을 보냈다.

우리 일행 40여 명은 해설사의 안내로 골목골목의 식당, 상점, 병원, 교회, 성당, 선교사의 집, 그들의 묘역까지 몇 백 년 옛 그대로 잘 보존하고, 새로 단장하여 배우고 볼 산 교재들이 아주 많았다. 보수적이라 그럴까? 옛 도자기, 항아리, 등잔, 사진, 그림, 건물 모두가 가치 있었고 그대로 잘 보존한 대구 시민들이 존경스러웠다.

선교 90주년 기념관, 100주년 기념관은 예수교 장로회 대구 제일 교회에 있었고, 지역 아동센터로 활용하고 있었다.

'우리는 자랑스러운 하느님의 백성입니다.'

천주교 대교구 제1구청은 특이한 소나무가 키워져 눈길을 끌었고, 국채보상 취지문과 1,300만원의 국채를 갚기 위해 금연 운동을 한 서상돈님의 고택, 이상화 시인의 고택도 그대로 있어 관광객이 붐볐다.

3.1운동 거리 보존, 계명대 동산 등 일제시대에 지은 건물과 근대 문화 체험관과 향촌 문학관이 함께 공존하며 더욱 웅장하고 풍요로웠다. 영양실과 재현관, 문화관 등 대구의 낭만과 번영 그리고 추억의 문학관은 문인들의 정신적 고향이고 예술인들의 거리이며 역사가 살아 숨 쉬는 곳으로 최고의 번화가에 있어 편리했다.

문화 예술인들의 아지트요 대중 예술의 요람이며 애향 대구의 산실인 향촌 문학관이 함께 있어 다양한 행사를 하고 있었다. 이에 비하면 대전문학관은 교통이 불편한 변두리에 소재하였고, 규모나 시설이 초라하기 짝이 없어 구도청의 일부 건물로 이전하면 시민들과 가까이 할 수 있을 것으로 기대해 본다.

시설은 타 문학관에 비해 작으나 관장과 팀장의 참신한 아이디어로 다양한 문학예술활동을 하여 전국에서 제일 모범적으로 잘 운영한다는 평을 받고 있어 다행이다. 영호남은 문학예술 정치 교류가 활발한 데 비해 충청인은 소통도 안 되고 교류도 없어 비상을 위한 대전예술인의 애향심과 분발을 촉구하고 싶다.

제3부

—

한국교육가족

과학과 예술의 만남

과학과 예술의 만남은 인간을 편리하고 아름답고 즐겁게 한다. 그런데 과학에 대하여 어린이부터 어른들은 잘 알고 활용하는 사람도 있지만, 대부분이 생각 깊이 이해하지 못하고 그럭저럭 쓰고 있다.

우리나라가 최빈국에서 경제대국이 된 것은 1973년 대덕연구단지가 조성되고, 포항제철, 구미공단, 울산중공업단지, 카이스트 개교 등 과학기술과 수출산업이 발전되었기 때문이다.

그동안 IMF의 쓴 시련도 겪었으나 행복한 생활을 하였기에 선진국에 가까운 줄 알았다. 그러나 외환위기 수준에 근접, 위험수위에 도달했다고 IMF도 경고하고 있다.

가계 1,200조, 기업 2,400조, 정부 1,200조 모두 부채가 4,800조인데, 대통령과 국회는 부채 관리에 무심한 것 같다. 언론에서만 민생문제, 경제발전에 관심을 갖고 크게 보도하고 있다.

아이디어 하나가 세상을 바꿀 수 있으니 상상과 창의력이 뛰어난 예술가와 과학자 기업가들이 융합해서 아시아를 넘어 세계로 나가는 한류, 방송, 영화, 음악, 공연, 애니메이션을 통합 새로운 출범을 해야 한다.

어린이부터 어른들까지 평생교육을 생활화 하도록 관민이 협조해야 한다. 과학관, 예술의 전당, 연구원, 대학교, 미술관 등이 융합 프로젝트를 공동 추진하면 좋을 것이다.

과학잡지를 학교에 보내주는 언론사, 과학 저널을 창간하고 생물학연구 정보센터를 세워 토론의 장을 열어주는 과학자, 학생들에게 금요일마다 강연을 해주는 학자 등 우리 한국인의 뛰어난 두뇌와 창의력은 어떤 난관이라도 뚫을 것 같다.

뉴저지에선 9살짜리가 투자자 유치에 나서는데 한국은 창업교육이 0이라니 유치원부터 혁명적으로 변화하는 교육이 절실하다. 어린이가 맘대로 뛰어놀고 노래하고 운동하고 재미있게 생활하면서도 집중적으로 배울 것은 가르쳐야 미래가 밝을 줄 알면서도 못하는 어른, 지도자들이 야속하다. 장수시대, 연구하고 새일을 찾으면 초고령 사회라고 우려할 수도 있으나 지혜와 경륜을 잘 활용하면 국익에 도움도 될 수 있다.

차량 매연 절감 제품을 개발한 신충교 그리닉스 대표는 5만 번 도전하여 꿈을 이룬 신화적 존재로 우리 인재들의 귀감이 되고 있다.

나도 뭔가 보은의 마음으로 과학기술과 문화예술의 만남으로 새로운 꿈을 이루는데 기여하고 싶다.

새로운 孝문화

해마다 9월 하순에 대전 뿌리공원에서는 사흘간 전국효문화뿌리축제가 열린다. 지금까지 8년째 열렸는데, 문광부로부터 3년 연속 국가유망축제로 선정되어 해마다 발전하고 있다.

2007년엔 효행 장려 및 지원에 관한 법률이 국회에서 통과되어 세계 최초이며, 역사적인 사건으로 평가받고 있다. 유구한 역사를 이어온 우리 민족의 자랑스러운 유산은 홍익인간의 사상을 바탕으로 모두가 잘 살게 하는 정신이며 중심의 축은 효사상이다.

효행실천과 인성교육의 강화가 절실한 시대이다. 그런데 시대의 급격한 변화는 올바른 가치관을 흔들고 갈등과 위화감, 충효예의 사상의 실종 등 물질만능 이기주의에 침몰한 위기의 사회가 되었다.

그래서 2017년 3월에 대전 뿌리공원 입구에 대전효문화진흥원을 개원, 효문화 발전의 산실이 탄생하게 되었다. 부모 · 어른 ·

새로운 孝는 자식사랑, 제자사랑, 이웃사랑이 먼저이고, 다음에 부모·스승 공경이다.

스승을 공경하고 어린이와 청소년, 나와 이웃을 사랑하고 인류를 위하여 봉사하는 효교육 문화진흥원이 생겼는데, 성인은 3천원, 청소년은 2천 원씩 입장료를 받으니 효문화 취지에 맞지 않다는 여론이다. 더구나 뿌리공원 입장료도 성인 3천원, 청소년 2천원을 받으니, 전국 각처에서 온 국민들은 이중 부담이라며 거부감을 느끼고 있다.

공공기관에서 운영하는 전시관이나 박물관은 대부분 500원 내지 1천 원 정도를 받거나 무료입장도 많다.

전국에서 최초로 개원, 효문화를 확산, 효의 나라를 만들겠다는 대전시는 재고함이 마땅하다고 본다.

효는 사랑하는 마음이 섬김과 존중, 배려인데 어린이부터 어르

신까지 새로운 희망을 줘야 할 것이다.

또 우리나라에는 애국선열, 독립투사와 국가에 공헌한 인물들도 많건만, 전시실이나 영상실에서 역사의 사진이나 기록을 찾아볼 수 없는 것은 이해하기 어렵다. 가까운 충남, 논산 강경읍에 있는 작은 교회의 근대 역사전시관에 가보면, 일제 36년간의 만행과 항거하는 독립투사들의 생생한 모습이 전시되어 숙연하게 한다. 6.25의 비극, 남북전쟁 때 남침과 빨치산들의 폭풍 우리 민족의 수난 등도 사진과 영상 자료가 충분하여 통일의 중요성과 애국심을 북돋게 하고 있다.

효문화진흥원은 효심을 기르고 감동을 줄 수 있는 예술과 과학을 활용하고 영상, 연극, 공연 등을 통하여 찾아오는 국민들을 교육시켜야 한다. 전국의 여러 효문화 단체들이 협의하여 토론, 포럼, 연구, 계발하고 효교육과 문화예술이 병행할 때 효가 살고 나라가 살고 모두가 살 것이다.

"효의 메카" 대전의 정신이 세계로 뻗어 나가기 위해서는 새로운 孝, 인간사랑의 새로운 효개념의 정립이 필요하다.

참다운 孝는 부모와 자식 간의 사랑과 효도는 기본이과 나라사랑과 이웃사랑, 사회에 공헌하는 것이 참孝인걸 모르는지 답답하다.

평화사랑의 길

세계 환경의 날을 기념하기 위하여 한국에서최초로 환경사랑 문예사생대회를 연지 21년이 되었다.

첫 해는 공모로 뽑았으나 다음 해부터는 실기대회로 운문, 산문, 시화, 그리기, 서예 등 5개 부문의 재능을 겨루었다. 대전시의 지원금을 받아 중도일보, 대전대학, 금강 환경관리청, 예총, 문협 등의 후원을 받아 매회 1천명 이상 3천여 명까지 참석하였었다. 매회 3,4백 명에게 시상했으니 총인원이 5천 5백여 명의 학생과 백여 명의 지도 교사들에게 상을 주었는데 환경의 중요성을 일깨우고 생활화하기 위함이었다. 한국에서 나처럼 상을 많이 준 사람도 드물 것 같은데, 후원단체, 협력기관을 찾느라고 이리 뛰고 저리 뛰고 많이도 돌아다니며 상을 구했으나 혼자 주최 주관하기는 힘들었다.

그 공로로 환경부장관상으로 만족하나 금수강산에 유실수와 사계절 꽃피는 녹색도시, 친환경 농산물과 수산물이 풍성하여 국민들이 웃음꽃을 활짝 피우며 풍요롭고 행복하게 살기를 기원한다.

지금 지구촌에서는 별의 별 안 좋은 일들이 벌어지고 있다. 강력한 폭풍우로 건물이 떠내려가고, 마을이 사라지고 있으며, 남태평양 '엘니뇨 재앙'은 환경난민이 400만 명이고, 물 부족에 시달리고 가뭄으로 식수 오염이 심각해 유엔은 인도적 비상사태를 경고하고 있다.

기후 온난화로 북극 얼음이 녹아 침몰되는 육지가 생기고 멸종하는 동식물 등 생태계도 변화하고 있는데 모두 재앙인 것이다.

미세먼지, 황사 현상은 큰 건물도 희미하게 보이고 마스크와 모자 쓴 시민들이 늘고 있는데, 중국에서 불어오기에 협조가 절실하다. 경유 버스나 화물차들이 내뿜는 배기가스와 미세먼지도 가장 우려스럽고 석탄화력 발전소의 피해도 심각하다.

그러나 무엇보다도 심각한 것은 우리나라와 북한의 유일한 대화통로였던 개성공단의 무조건 철수였다. 이후 경제손실보다 더 심각한건 위기의식이다. 전쟁하면서도 대화는 해야 되는데 현명한 대책이 안 나오니 답답할 뿐이다.

중세기에 프랑스와 영국 간 영토 싸움으로 휴전, 전쟁 지속하여 싸운 백년전쟁 실제는 116년인데 그들은 무엇을 위해 그리 오랜 시간 싸웠을까. 많은 희생을 낸 전쟁은 세계 제1,2차 대전과 한국전쟁, 베트남 전쟁으로 인류에게 가장 큰 피해를 주었다.

1945년 일본 본토에 원자폭탄이 떨어져 수십 만 명이 순식간에 죽자 최후까지 버티자던 일본 천황은 무조건 항복하고 제2차 세계대전은 종식되고 우리나라는 광복이 되었다.

북한의 핵실험 핵보유는 세계 평화의재앙이며 자구능력이 없는 한국은 외교력으로 해결책을 찾아야 한다. 평화가 저절로 오는 것이 아니다. 막연한 꿈이 아니기에 고단하고 어렵고 힘든 길이다.

하나의 조국, 통일된 조국을 위하여 준비를 해야 한다. 동서독의 통일을 거울삼아 지도자와 국민 모두가 살길, 밝은 길을 찾아야 한다. 나부터 친구와 함께 평화 운동을 작은 일부터 하나씩 실천하자.

아빠와 대화

나는 33년간 교단에서 어린이들의 일기쓰기를 지도하면서 많은 기쁨과 보람을 얻었습니다.

일기는 말로하기 힘든 일도 담겨 있어 선생님과 부모님이 어린이의 고민을 돕고 해결할 때도 있고 즐거움은 같이 기뻐할 수 있어서 나는 하루도 거르지 않고 몇 명의 일기를 읽어주며 잘 읽었다는 표시를 해줍니다.

하루에 있었던 일 중에서 가장 뚜렷하게 생각나는 것 한두 가지를 찾아서 사실 그대로 생각과 느낌을 정직하게 옮기고, 때로는 일기를 보고 잘못을 반성하고 다짐하게 되면 좋은데 일기에 도움말을 써준다면 얼마나 좋을까요?

그래서 초롱초롱 빛나는 눈을 생각하며 고마운 스승입니다. 그러나 나는 수십여 명의 어린이들에게 다음날 아침에 자기 일기를 다시 읽어보고 스스로 자평을 쓰게 했습니다. 그러다가 부모님이 써 주시면 더욱 좋겠다고 했지요.

가장 위대한 스승은 세종대왕, 충무공 이순신, 장영실, 김구, 단재 등 애국, 애족 열사들이다.

그랬더니 올해 새학기부터 거의 하루도 빠짐없이 자기의 아들 딸에게 도움말을 써주시는 아버지와 어머니가 몇 분 있어요. 선생님이 해주고 싶은 말씀을 그대로 써 주시기에 더욱 재미가 있어서 어린이들에게 읽어 줬지요.

혼자 읽기는 너무 아까워 어린이 신문에도 몇 번 공개했고, 여기에서 공개하겠어요. 어린이의 일기도 공개하고 싶으나 아버지의 도움말을 보면 어떤 아이고 어떤 일기를 썼으리라 짐작이 갈 것이기에 아이의 일기는 상상에 맡기기로 하겠습니다.

* * *

지호가 농구 관전을 정말 잘했구나. 관전평도 전문가답게 아주 잘했구나.

네가 말한 것처럼 아빠는 기아 편이다.

지호가 아빠 옆에서 현대 응원을 하였다면 기분이 별로 좋지 않았을 것이다. 그러나 그것보다도 아빠의 표정에서 기아가 져서 밝지 않음을 네가 읽을 수 있었다면 너무 적은 일에 표정의 변화가 심한 것을 너에게 보인 것이구나.

사람은 누구나 좋고 싫은 것을 느낄 수 있으나 그것을 얼굴에 나타낸다는 것은 자신의 약점을 상대에게 보여주는 것이란다. 그것은 상대와의 경쟁에서 패하는 큰 원인이 될 수 있단다.

그리고 네가 지적하였듯이 마지막 1분 남기고 기아가 경기를 포기한 듯한 모습을 보인 것은 아빠도 실망하였다.

너도 끝까지 최선을 다하는 사람이 되어라. 운동 경기뿐만 아니라 세상의 모든 것이 원칙(규칙)을 지키며 최선을 다한다면 그 결과가 만족하지 못하더라도 아름다운 것이다.

최선을 다하는 것 못지않게 규칙을 알고 지키는 것은 중요하단다.

"목적 달성도 중요하지만 그 과정은 더욱 더 중요하다."

특히 어린 학생들은 결과보다는 과정이 더 필요하다는 말을 하고 싶구나.

지호는 누나가 취직 못하여 걱정이 되었나 보구나. 그런데 취직을 못한다고 누나를 놀렸다면 그것은 지호가 잘못한 것이다.

누구나 사람은 어려움을 겪을 때가 있는 것이다. 그런 때는 주변에 있는 사람들 특히 가족들은 따뜻한 말로 위로를 하여 희망과 용기를 갖고 노력할 수 있도록 하여야 하는 것이다.

지금이라도 지호는 누나에게 사과하고 진심으로 축하하는 마음을 가져야 할 것이다. 그리고 대학을 졸업하고 나면 놀 수 있는 것으로 생각한 모양인데 논다는 것은 "할 일 없이 시간을 보내는 것"이라 하였다.

사람은 누구나 목적이 있는 그것을 위하여 시간을 보내야 하는 것이다. 더구나 대학을 졸업하고도 할 일이 너무나 많은 것이다. 지호도 앞으로는 논다는 표현보다는 어떠한 목적을 위하여 잠시 쉰다(재충전이라고도 함)고 하였으면 한다. 그리고 자기에게 주어진 일에 최선을 다하였으면 한다. 그것이 성공의 비결이다.

지호는 친구가 많아 좋겠다. 학교 다닐 때는 특정한 친구들과 어울리는 것보다는 여러 친구들과 같이 어울려 보는 것이 좋다. 그래서 성격이 각기 다른 사람과 서로 이해하며 사귀는 것은 먼 훗날 어른이 되어 사회생활을 하는데 많은 도움이 되는 것이다. 그리고 지호가 매일 일기를 잘 쓰고 있는데 글씨에 조금 신경을 써 주었으면 한다.

글씨를 잘 쓰고 못 쓰고 하는 평가보다 정성을 들여 써주었으면 좋겠다. 차근차근 정성을 다하여 쓰면 보는 사람이 기분이 좋단다. 또 한 가지 사람에 관계되는 표현을 동물에 비유하는 것은 좋지 않다. 또한 과격한 표현도 하지 않았으면 한다. 아빠가 볼펜으로 표시하였다. 참고하여라.

자기가 감동을 받은 영화나 만화는 누구나 다시보고 싶은 것이다. 지호는 그것에 대하여 아주 잘 적었다. 만화나 영화를 그냥 보는 것보다 자신의 상상으로 생각하며 보면 더 감동적이고 이해가 잘 되는 것이란다.

지호가 오늘부터 태권도를 배운다니 반갑구나. 열심히 해서 좋은 기량을 쌓았으면 한다. 네가 말한 것처럼 모든 운동 특히 호신술(몸을 보호하는 운동)은 공격보다는 방어를 목적으로 하여야 한다. 의롭게 남(약한 사람)을 돕는데 활용하여라.

새신을 신고 좋아하는 지호의 모습을 보며 아빠도 상당히 기분이 좋았단다. 세상을 살아가면서 자기 자신으로 하여 다른 사람이 즐거울 수 있단다. 반대로 자신으로 인하여 다른 사람이 괴로움과 고통을 당한다면 그 삶은 실패한 것이 된단다.

"너는 어떠한 삶을 살고 싶으냐?"

다른 사람의 즐거움을 방해하는 것은 아주 좋지 않은 행동이다. 또한 다른 사람의 괴로움을 보고 즐거워하는 것도 옳지 않은 행동이다. 그러니 지호가 형이 아플 것을 걱정하였으니 마음씨가 고운 것 같다. 남의 잘못을 지적하는 것도 중요하지만 용서할 줄 아는 것은 더욱 훌륭하다.

사람이 자기의 잘못을 반성하지 않고 운명을 탓하는 것은 참으로 어리석은 일이다. 모든 일의 결과도 자기의 책임으로 생각하고 철저하고 신중하게 처신해야 할 것이다.

지호에게 참으로 어려운 일이 생겼구나. 남을 속이고 거짓말을 하여야 하는 것은 정상적인 생각을 가지고 있는 사람은 어려운 일인 것이다.

엄마 나름대로 이유가 있겠지만 지호에게 거짓을 강요하였다면 엄마가 실수하신 것 같구나. 아빠가 대신 사과하겠다.

* * *

지호의 일기와 아버지의 생각이나 느낌의 차이를 알 수 있기에 더욱 재미가 있고 또 모든 어린이들에게 하고 싶은 말씀이 많기에 여기에 공개하는 것입니다.

그리고 여러분도 부모님께 부탁하여 도움말을 써 주시기를 간절히 바라세요. 내가 쓴 일기나 글을 누군가가 읽어주고 인정해 주는 것은 기쁨인데 선생님이나 부모님이 제일 좋습니다.

일기는 꼴찌도 잘 쓸 수 있으며 말썽꾸러기 장난꾸러기도 잘 쓸 수 있습니다.

여기에 나오는 지호도 사실은 상상을 초월하는 꾸러기입니다. 지호는 가끔 말합니다.

"나는 어쩌면 이렇게 잘 생겼을까?"

아이들은 왕자병에 걸렸다고 깔깔거리며 자기도 그렇다고 교실을 웃음바다로 만들 때가 많습니다.

나는 10여 년 쓴 일기를 소중히 간직하고 때때로 보면서 행복에 젖어보기도 하고 어려웠던 시절을 더듬으며 지금은 참으로 행복이 넘치는구나 하고 고맙게 생각하며 살고 있습니다.

그런데 내 친구 중에 40여 년 간 일기를 쓴 교장 선생님이 있는데 그 분은 3살 때 아버지가 돌아가시고 어머니는 재혼하시고 편조모 밑에서 가난하게 살아, 중학교 때도 책 한 권 없이 공부했고 사범학교 3년간을 가정교사 하면서 돈을 벌어 학교를 마치고 선생님이 되었지요.

그래서인지 그분은 한 해에 200권의 책을 사서 읽고 모은 것이 6천여 권이 되어 장서가 상을 받았고, 일 년에 15권 가량 책을 써서 지금 190권의 책을 냈는데, 의학서적 500권을 읽고 건강에 관한 책을 40여 권 냈으며 의사도 고치기 어려운 난치병인 암이나 간질 등을 치료하는 순리치유법을 개발하여 세상을 놀라게 하였는데, 그분이 바로 기적을 만드신 옥미조 연초초등학교 교장선생님입니다.

옥 교장이 젊었을 때 간경화증에 걸려 죽을 뻔했기에 의학공부를 해서 수천 명을 무료로 치료해 주었답니다. 나도 아플 때 그분의 도움으로 병이 나았고 병 고치는 순리치유법도 배웠기에 친구지만 스승으로 모신답니다.

스승은 학교에만 있지 않고 친구나 모르는 사람 중에도 많이 있습니다. 옥 교장은 88세까지 600권의 책을 낼 계획을 세운 정말 상상을 초월한 분이기에 언젠가 여러분에게 소개해 주고 싶습니다.

영원한 스승

1943년 출범한 국립대전사범학교는 4천 5백여 명의 졸업생이 주로 교육계로 진출, 가르친 제자들을 모두 합하면 수백만 명이 될 것이다. 제자들은 스승과 함께 정치, 경제, 사회문화 등 각계 각층에서 지도층이 되었고, 영속될 것이기에 大師人은 영원한 스승이고 등불이 되어야 한다.

大師는 필수인 예능교육을 중시했기에 이동훈미술상, 한성기 문학상, 상미술회, 화우회 등을 대전문인들 중심으로 매년 계속 운영, 예술혼 문학정신을 기리고 있다.

안일승음악상은 중도에 중단 아쉬움을 남기고 구두회는 김창옥 선생님의 제자들이 음악계의 중견이 되어 활발히 예술활동을 하고 있어 예술분야에 공헌하였다. 얼마 전 일요일 KBS TV에 사진작가 육명심 동문의 독창적인 사진예술 활동을 전 국민에게 소개했는데, 한국에서 최고작가라는 평가받을 만했다.

1999년 한글날에 大師文友會가 창립되어 대사인의 소식과 작품이 소개되기 시작, 2005년에 '大師고개'로 발전했고, 大師人이 중심이 된 '예술사랑 藝宇會'가 탄생, 대전시의 지원을 받으며 종합문예지 "藝宇'가 발간되었으나, 지원이 중단되어 씁쓸했다.

'大師人의 발자취'는 영원한 대사인의 긍지를 되살리려고 15회 동문들이 발행했고, 새로 발족한 총동창회에서 동문지 "師友丹心"을 발간하기로 한 것은 다행한 일이다. 기록은 영원히 남기에 예술은 영원하고 추억은 영원한 것일까?

우리 동문들 중에 유명한 작가들이 아주 많은 편인데 몇 분 소개하면 아동문학가 심경석 동문이 200여 권의 저서를 발간하였고, 대한불교문학회장 사재동 백제불교문화대학장은 민족의 성녀이며 위대한 여성의 영웅인 "심청황후"란 대하소설을 내어 화제가 되고 있다. 계간 "해동문학"은 정광수 시인이 주간 · 발행인으로 문단 발전에 크게 기여, 그의 뜨거운 문학 사랑과 열정이 경이롭다.

이은구 동문의 "역발상"은 명작이다. 중소기업의 상식을 깨는 선구자, 뚝심의 제왕, 괴짜기업인으로 통하는 이 사장은 발명특허, 실용신안의장 등 17여 종의 특허를 보유하고, 놀이시설, 휴식시설 등 800여 종의 고유 브랜드를 개발한 발명가이니 언행이 경이롭기까지 한다.

"안되면 될 때까지 생각을 바꿔라."

"매일매일 달라져라. 그러면 성공할 것이다."

"5년 앞을 바라보는 역발상" 등 12권의 저서가 있고, KBS, MBD, EBS, SBS 등에 주인공으로 다큐멘터리도 방영된 위대한 인물, 이은구 동문은 우리의 자랑이다.

변평섭 동문은 신문 · 방송 칼럼집 『갈릴레오의 손가락』을 5권째 발간 호평을 받고 있다. 대전일보 기자시절부터 해박한 지식과 풍부한 지혜에서 나오는 재미있고 날카로운 명 칼럼은 심장과 폐를 파고드는 것처럼 속 시원하다는 평을 들었다. 그는 중도일보 사장, 세종시 초대 정무부시장 등 노익장을 과시한 대표적인 언론인으로 언론 50년, 혼미한 세상에 던지는 忠言!이라 했다. 대전 · 충남에서 가장 영향력 있는 언론인으로 시사저널이 선정했고, 지금도 지상에서 자주 만날 수 있다.

요즈음 한국에서 가장 영향력 있는 정계 인사 중 한 명인 김종필 동문의 휠체어 탄 모습을 가끔 뵙는다. 파란만장한 일생을 보낸 JP, 두 번의 총리와 9선의원은 현대사에 바람을 몰고 온 풍운아인데, 그의 일대기가 "불꽃"이란 만화책으로 나와 세간의 관심을 끌었고, "笑而不答"이란 제하에 그의 증언록이 중앙일보에 오래도록 연재되어 지가를 높이고 있다.

"예언자가 되겠다고 꿈꾼 적이 없고, 대권에 집착 안 했기에 여태까지 살아남을 수 있었다."

YS를 국회에서 제명할 때, 각하의 뜻이라도 안 된다고 강력하게 반대를 했고, DJ가 청구동 자택을 찾아와 바닥에 앉아 "도와주십시오." 호소할 때 "한을 풀어드리지요." 그래서 DJP연합정권이 탄생하는 등의 기록은 영원한 것 같다.

올해 만90세의 JP가 유력 대선주자들에게 적극적인 조언을 이어가고 있어 대선 때마다 권력의 흐름을 짚는 것 같다. 추미애 대표에겐 "야당이 따질 것은 따지고 도와줄 것은 도와줘야 한다."고 했으며 문재인 전 대표에 대한 언급은 없었으나, 안철수 대표에게는 "국민을 설득하는 게 가장 필요하다."고 조언했고, 반기문 유엔사무총장에겐 "이 악물고 해라."고 조언 안 전 대표와 반 총장에게 힘을 실어주는 듯 한 모습을 보였다.

박정희 장군과 5.16군사쿠데타를 일으킨 후, 아시아에서도 최빈국 한국을 새마을운동, 과학입국, 수출제일주의로 세계 경제 10대 강국으로 만든 공을 잊을 순 없다.

김종필

공주중학교(6년제)
대전사범학교 강습과 1회
서울대학교 사범대학 교육학부
육군사관학교
미국 육군보병학교
11대 · 31대 국무총리

대 선배이신 김종필 전 국무총리의 온고지신 서예

그대들이 자랑스럽다

- 대전삼성초등학교 제자들에게

개교 100주년의 유구한 세월!

세월이 흘러도 우리들 가슴속에는 영원히 지울 수 없는 그리운 모교와 이름들이 있다. 눈 감으면 아련히 떠오르는 햇병아리 교사시절에 만난 삼성 어린이들.

6.25전쟁을 치른 후 얼마 되지 않은 대전은 폐허 속에서 판자집을 짓고 특히 북에서 피난 온 피난민들과 가난하고 어려운 생활을 하였다. 대부분의 국민이 봄철 보리가 나오기 전에 식량이 떨어져 허기진 배로 보릿고개를 넘겼고, 세계에서 가장 가난한 나라에 속했다. 학생들은 도시락을 싸오지 못하며 미국에서 원조해 주는 우유와 옥수수로 만든 죽과 빵으로 허기진 배를 채워야 했다. 학생 수는 너무 많아서 몇 개 학년은 교실을 칸막이해서 반 칸 교실에서 50여 명이 배워야 했다. 열악한 환경 속에서도 배워야 산다는 일념으로 학부모, 교사, 학생들이 열정을 가지고 공부에 열중하였다. 특히 6학년생들은 전깃불이나 촛불을 켜놓

고 밤늦게 까지 과외공부를 했다. 소위 일류 중학교 입시경쟁이 치열하여 입시지옥이란 말까지 오랫동안 지속되다가 해방되기까지는 오랜 세월이 흘러야 했다. 그 때도 학력도 중요하지만 인성교육이 더 중요하다고 하여 삼성교는 교육부 지정 연구학교가 되어 몇 년 동안 예절 등 도덕적 인재 육성에 심혈을 기울였다. 일주일에 하루는 교사들이 밤늦게 까지 토론, 사례발표 등 연구협의를 통하여 참다운 교육을 어떻게 할 것인가 고뇌하기도 하였다. 나는 젊은 교사였기에 처음에는 축구를 지도하였는데 학교 가까이 살았기에 새벽만 되면 선수들이 "선생님"을 불러 싫어도 일찍부터 축구를 지도했다. 시합 때엔 날쌘 동작으로 여섯 골을 넣는 걸 보면 여간 기쁘지 않았다. 삼성 어린이들은 열정적이고 도전정신이 강하고 씩씩하여 야구를 특히 잘하였고, 특히 초중등학교 운동회 때마다 학교대항 800m계주가 마지막 프로로 운동회의 꽃이었는데 유난히 삼성교가 잘 뛰어 우승기를 많이 타오던 기억이 새롭기도 하다. 나는 문예부도 맡았는데 초등학교에서는 강당 있는 학교가 삼성교 뿐 이어서 합창대회, 웅변대회, 예술잔치 등이 자주 열리고 예술의 꿈을 키우는데 아주 좋은 환경이었다.

나는 우리 반은 물론 문예부 어린이들에게 독서지도와 일기쓰기, 감상문, 편지, 산문 등을 아끼는 마음으로 읽고 바로잡아 주는 일을 재미있게 하였다. 그리고 좋은 글을 뽑아 등사판 어린이 신문을 만들어 한 달에 한 번씩 각 교실 위 벽에 붙이고 격려하였다. 차츰 발전하여 활자로 인쇄하여 '삼성어린이' 신문은 기자단도 만들어 유명인사와의 인터뷰, 취재도 하였고, 도시락 나누어 먹기, 가출소녀 찾아주기, 아펜젤로를 통한 미국인과 양부모 맺기, 어려운 친구 돕기, 봉사하기 등 나눔과 배려를 실천하는 사랑 운동을 전개한 것도 잊을 수 없다. 해마다 대전일보사에서는 어린이 예능대회를 개최하였는데 글짓기, 미술, 서예대회에 참가하고 싶은 학생은 모두 데리고 나가서 경연하게 하였고, 공주와 서울에서 열리는 대회도 참가하는 극성을 피우기도 하였다. 한번은 대전충남백일장이 삼성교 강당에서 열렸는데 운문과 산문부의 대상이 삼성교에서 나와 그 실력을 인정받기도 하였다. 이 때 처음으로 대전충남 국어교육연구회가 조직되어 공동 작품집 '아기 눈'이 발간되어 각 학교에 판매되기도 하고, 학교신문 교환운동이 전국적으로 전개되었고 처음으로 전국 글짓기 신문지도 교사 세미나가 서울에서 열리기도 하였다. 이것이 훗날 한국 아동문학의 산실이 되어 오늘날은 원로 중진들이 되어 어린이들에게 꿈을 심어주고 있다.

나는 57년부터 67년까지 10년 근무하고 감사장을 받고 삼성을 떠난 후에도 가는 학교마다 문예를 지도하고 학교신문과 문집을 만들고 웅변, 동화 구연 등을 지도하였다. 문화공보부에서 공모한 동극에 당선되어 문인으로 활동하기도 하고, 환경사랑을 주제로 문예사생대회를 15년째 열어 수많은 어린이들에게 상을 주고 작품집을 내고 전시회를 여는 것을 기쁨과 보람으로 여기며 살고 있다. 이런 행사 때 제자들이 자녀들을 데리고 와서 반갑다고 인사할 때, 제자들의 소식을 들을 때 참으로 고맙기 그지없다. 무엇보다 기쁜 것은 제자들이 신문이나 방송 TV에 나와서 자기의 주장을 글로 써서 알리고, 대담이나 토론을 멋있고 올바르게 하는 것을 볼 때이다. 지금은 정계, 언론계, 법조계, 재계, 교육계, 예술계, 체육계 등 각계 각 층의 지도자가 되고 선구자가 되어 이 나라와 국민을 위하여 봉사하고 배려하는 삶을 사는 모습이 여간 자랑스럽지 않다. 잊을 수 없는 그 이름들이 정말 고맙기 그지없다.

한국교육가족연합회의 사명

교육은 백년지대계(百年之大計)라고 합니다. 오랜 세월동안 교육을 태움으로써 다른 사람과 세상을 밝게 비춰주는 양초와 같은 역할을 하는 것이지요. 그리스의 철학자 '아리스토텔레스'는 이렇게 말했습니다.

"교육은 풍요할 때의 장식이요, 역경 때의 피난처다!"

교육의 목적은 인격의 형성에 있지요. 교육은 기계적인 사람을 만들지 않고 인간적인 사람을 만드는 데 있습니다. 교육이라는 큰 틀 속에 예능과 체육, 과학이 있어 참 아름다운 세상, 살만한 사회를 가꾸어 가는데 교육이 나침반 역할을 하기에 우리는 여기에 관심을 갖는 것입니다.

그러나 근래 우리나라 교육은 일부이지만 이념에 휩싸이거나

제1회 시의날 기념으로 원로 문인들을 초청하였다. 한국의 문화예술인, 언론인, 지성인들이 교육혁명의 길을 밝혀야 한다.

바람직하지 않은 방향으로 가고 있어 우려를 자아내게 하고 있습니다. 따라서 언제부터인가 뜻있는 몇몇이 모여 진정한 교육을 위하여 우리가 무엇인가 바람직한 교육상을 선도하자며 만든 것이 바로 '한국교육가족연합회'입니다. 교육 없는 세상없고, 학부모 없는 학생이 없는 것처럼 우리 모두는 한국교육가족입니다. 스승, 제자, 학부모 아닌 사람은 없습니다.

한국교육가족연합회는 국토의 중심부 대전에 본부를 두고 한국문화해외교류협회와 같이 국내와 해외협의회와 긴밀히 협의하며 종종 만나 정보를 나누는 침목형태로 운영할 예정이나 국가와 국민을 위한 교육혁명, 의식개혁, 문예사랑, 자연인산사랑운동 등 좋을 일을 하고자 합니다.

창의예술연구원

– 위기의 대한민국을 살리는 길

몸은 하나지만 국민을 위하여 할 일은 아주 많다. 함께 하면 길이 열리고 오래 갈 수 있고 큰일도 한다. 남북분단과 핵전쟁위협은 위험수위에 다다랐다. 미국의 선제공격으로 북한과 함께 남한이 초토화될 수 있는 미국 · 중국 전쟁은 시작되었다. 숨 쉴 틈 없이 넘어간다!

모든 상황이 현실이 되어가기 전에 한발 먼저 내다보는 천재적인 예측. 소름 돋게 딱 들어맞는다는 김진명 장편소설 미중전쟁. 소설을 넘어선 소름끼치는 예언!

우리 국민은 절대 안 돼 60.7%, 검토할 수도 34.5%

김정은 신년사에서 "평창에 대표단 파견용의"를 표명 대화를 제안하고 美國을 겨냥 "핵단추 내 책상위에 … 본토 타격 가능"이라고 압박했다.

김정은 두 얼굴의 신년사 靑은 "대화용의" 트럼프는 "지켜보자"고 했다.

南은 거부 힘든 평창 카드 내밀었다. 어찌 될 것인가?

"설마, 핵전쟁, 제3차대전이 일어나겠어?"

1991년 10월 9일, 어린이들에게 푸른 꿈을 키워주는 작가들

6.25의 비극을 겪은 우리 노인들은 두려워하면서도 어찌하든 핵전쟁을 막은 YS를 그리며, 문대통령도 막아주기를 바란다.

역사의 비탈길에 선 한국은 고조되는 위기를 해소하는데 지혜와 경륜을 모아 전쟁예방에 동참해야 한다.

문화 · 예술 · 체육의 남북교류가 해법 1호다.

미국 · 중국의 전쟁은 지구의 공멸까지 가기에 낭떠러지까지 가진 않겠으나, 독불장군들이 오판이 없도록 국민들도 힘써야 한다.

남북이 함께 통일 노래 부르고 평창올림픽에 입장하고, 대화의 물꼬도 민간인들이 트이길 기대한다.

우리 과학기술자와 문화예술인들도 우선 만남부터 자주하고 토론, 포럼 등을 통하여 IT강국으로 한류를 타고 과학도 세계로 뻗어가길 바란다. 그리고 남북대화, 남북교류의 지혜도 창출해야 하기에 끊임없이 연구해야한다.

창의예술인의 사명

인간과 인공지능이 함께 살아가야 하는 4차산업혁명 시대이다. 인간성을 회복하고 창의성을 발현할 수 있는 미래교육, 우리 함께 관심을 갖고 발전시켜야 한다. 전자상거래학회 등 여러 관련 학회나 단체가 공동연구하고 미래에 대비해야 한다.

우리나라에도 예술문화 · 과학 · 건축 · 요리 · 의학 · 기계 · 스포츠 등 인간사회의 모든 영역에 다양한 유토피아가 도래하였다.

신형 스마트폰 모델은 8개월을 주기로 교체 출시되고 대중음악 히트곡은 한 두주 만에 기억 뒤로 넘어간다.

새로운 정보가 무엇인가. 끊임없이 쏟아지는 비극적 속보.

사건과 스캔들이 쉼 없이 폭로되고 세상을 바꾸겠다는 야망도 새로운 이상도 변화무쌍하다.

빠른 속도로 변하는 세상에서 우리의 삶, 조국의 경제를 살피는 길은 과학과 예술의 융합과 창조이다.

과학자와 예술인의 만남부터 시작하여 여러 분야에서 지혜를 모으고 아이디어를 창출하여 한국을 과학예술의 선진국으로 만들어 보자. 적극적인 참여를 부탁드리며 우리가 함께하면 모든 꿈은 이루어진다.

제4부

아동극본

갈 수 없는 나라

때 : 현대

곳 : 도시의 학교

나오는 이들 : 문재, 재일, 보라, 지은, 아버지, 어머니, 선생님, 아이1, 아이2, 아이3, 아이들

제1장 교실 안

책상과 의자 10여개, 상징적인 풍경.

격정적인 음악 소리 멈추고

문재 : (화난 목소리) 자, 덤벼, 덤비란 말야. (주먹을 쥐고 권투하듯)

재일 : 좋다. (다가선다.)

문재 : (쏜살같이 달려 와서) 야잇! (주먹질, 발길질 하다가 뒤엉켜 넘어져서 뒹구는데 아이들이 몰려온다.)

아이1 : 문재 이겨라! 문재 이겨라!

아이2 : 재일아 이겨라! 이겨라 재일!

선진국 초등학교에서는 연극교육을 교과목으로도 가르치건만 한국은 등한시한다.

보라 : 말려야지. 응원하는거니? (싸우는 두 아이를 말리다가 채여서 뒤로 벌렁 넘어진다.)

지은 : 왜들 이래 응? 말로 해! (말리다가 채여도 끝까지 말린다.)

보라 : (재일의 코피를 닦아 주며) 왜 그래? 왜 싸워?

문재 : 저 새끼가 축구할 때도 슬라이딩해서 넘어뜨리더니, 공부시간에도 갑자기 미친놈처럼….

아이3 : 재일이가 달라진 건 사실이야.

아이1 : 공연히 책상을 탕탕 치고….

문재 : 괜히 쌈을 걸고 괴롭히는 거야.

보라 : 재일아, 너 어느 땐 눈을 감고 괴로워하던데 무슨 일 있니?

지은 : 그래. 말 못할 고민이 있나 봐.

재일 : (고개만 흔들다가) 애들아, 나 있지, 영영 헤어질 것 같아….

아이2 : 그게 무슨 소리야?

아이3 : 멀리 전학가게 됐어?

재일 : (머리를 세게 흔들며) 저 있지. 나 프랑슨가 어디루 입양가.

보라 : 입양이라니? 부모가 계신데도?

지은 : 유학 가는 거겠지.

재일 : 아냐, 팔려 간단 말야.

아이들 : 뭐? 뭐야?

문재 : 그게 정말이냐?

재일 : (끄덕이며) 그래. 그래. 그렇게 됐단 말이야. 그렇게 됐어! (소리치며 도망치듯 퇴장한다.)

아이1 : 재일아! (쫓아간다.)

아이들 : 재일아! (쫓아가는데 불이 꺼진다.)

제2장 재일의 집

슬픈 음악 소리 멈추고.

단독주택인데 가방을 만드는 작은 공장으로 어수선하다. 재봉틀 소리 들리는데 두리번거리며 문재, 보라, 지은 나온다.

슬픈 음악 소리 멈추고.

민재 : 재일아! 재일아! 있니?

아버지 : (방문을 열고 나오며) 누구냐?

아이들 : 재일이 찾아왔는데요.

아버지 : 왜? 무슨 일로?

지은 : 재일이가 입양가나요? 참말로요?

아버지 : (화난 목소리) 그게 아니구, 돈 많은 사람처럼 유학 가는 거란다. 유학은 일찍 갈수록 좋은 거니까.

민재 : 친어머니가 아닌가요?

아버지 : 그게 무슨 상관이냐? 다 자식 잘되라고 그런거니까….

보라 : 해외입양은 부모 없는 고아나 버려진 아기들만 보내지는 줄 아는데요?

지은 : 한 해에 몇 천 명씩 보내진다는 게 사실인가요?

아버지 : 난 난 모른다. 하여튼 유학을 공짜로 보내는 거니까. 그런데 이 녀석은 어딜 가서 여태 안 오나? (두리번거린다)

민재 : 우리나라 어른들이 버린 어린이가 유럽에만 4만 명이 설움 받고 크는 걸 아시나요?

보라 : "너 일본사람이니, 중국사람이니? 어디서 왜 왔니?" 놀림 받고 손가락질 받으며 기죽어 살 게 아녀요?

아버지 : 듣기 싫다. 어서 가거라. 가! (혼자 욕지거리 한다.)

지은 : (손을 비비며) 제발 보내지 마세요. 소원이에요.

보라 : 한 번 더 생각해 주세요. (빈다.)

아버지 : (꽥 소릴 지른다.) 어서 가지 못해? 뭘 안다구. 어서 가!

아이들 : (인사하며) 어쩐담. (우두커니 서 있는데 불이 꺼진다.)

제3장 교실 안

책상과 의자 10여개, 상징적인 풍경.

공을 던지고 받는 아이, 장난치는 아이, 수군거리는 아이, 어수선한데 수업종소리와 함께 선생님 입장한다.

보라 : 차렷! 선생님께 경롓!

아이들 : 열심히 배우겠습니다. (인사한다.)

선생님 : 이번 시간에는 여러분이 가장 궁금한 것에 대한

아이들 : (손뼉을 치면서) 좋아요! 좋아요.

아이1 : 선생님! 123×234×567은 얼마지요? 이 세상에서 아흔아홉 번째로 긴 강은? 높은 산은?

아이2 : 에이. 그런 건 계산기와 백과사전에 다 있는 거잖니?

아이3 : 선생님은 왜 똥배가 나왔어요?

아이1 : (손뼉을 치며) 똥배가 뭐니? 똥배님이지. (아이들 웃음소리)

지은 : 애들아. 그건 너무하잖니?

보라 : 애들이 버릇이 없어요.

아이1 : 우리가 뭘? 궁금하니까….

선생님 : (웃으며) 하고 싶은 말은 뭐든지 털어놓고 하는 게 좋아요. 다만 말할 때도 예의가 있어야 하고 고운 말을 써야 하겠지요? 선생님은 배가 들어가라고 새벽마다 줄넘기도 하고 생활체조도 하고 있는데 나온 배는 잘 들어가지 않으니 여러분도 운동 많이 많이 하세요.

아이2 : 우리는 꼭 일류대학에 들어가야 성공하나요?

아이3 : 그럼, 그래서 나도 세 곳을 다니는데 놀 시간도 없구….

지은 : 저는 개구리만 봐도 놀라는데 꼭 의사가 되라는 거예요.

보라 : 저는 꼭 판검사가 돼야 한다고 지금부터 들볶으니 미치겠어요.

아이1 : 우리 누난 고3병에 걸려서 병원에 다니는데, 시험 없는 나라는 없나요?

선생님 : 부모님들이 여러분을 너무 사랑하다 보니까 욕심이 생기고, 뒤처지면 어쩌나 불안해서 과외를 시키고 소질과 재능을 무시하고 출세만 시키려는 것은 잘못이지요. 교육개혁이 되면 여러분의 푸른 꿈은 존중될 텐데 걱정이네요.

문재 : 저도 한마디 하겠는데요. 지금 우리 반 재일이가 어떤 고민에 빠져 있는 줄이나 아세요?

보라 : 저, 재일이가 프랑스가 어디로 입양가나 봐요.

지은 : 우리가 재일 아버지께 보내지 말라고 사정했지만 실패로 끝났어요.

문재 : 선생님은 모르세요?

선생님 : 나도 재일이 부모님을 만나 뵙고 얘기했지만 어쩌지 못해 걱정만 하고 있단다.

문재 : 저희 부모님과 상의했는데요. 저와 같이 키워주실 수도 있다고 했어요.

선생님 : 참으로 고마운 일이구나. 그런데 나도 그런 제의를 했다만 안 된다는 거야. 수속까지 했다는구나.

보라 : 재일아, 네 생각 좀 얘기해 봐.

재일 : 저는 친구들과 헤어지는 게 싫지만 어떻게 할 수도 없어요. 그동안 여러 친구들을 괜히 못살게 하고 괴롭힌 걸 용서하세요. 전… 전, 어쩔 수가 없어요. (흐느낀다.)

선생님 : (가까이 가서) 재일아, 힘내라. 하늘이 무너져도 솟아날 구멍은 있다잖니?

문재 : 정말이야. 하늘이 무너져도 살 길은 있다잖니?

보라 : 삼풍백화점이 무너졌을 때에 담요에 떨어진 물맛만 보고도 285시간을 극복하고 살아난 유지환 언니의 정신으로 살자.

선생님 : 인간의 생명이 얼마나 소중한가 모두 절실히 깨달아야 할거야.

보라 : 우리도 뜻을 모으면 재일이를 안 보낼 수 있겠지요?

지은 : 그럼, 무슨 수가 있을거야.

문재 : 아기 수출 1위국이란 부끄럼도 씻기 위해 힘써야겠지요?

아이1 : 교통사고 많기로 세계 2위가 부끄럽지만 아기수출 1위란 너무 심한 게 아닌가요?

재일 : 우리 부모님도 그렇지만 믿을 수 없는 나라의 어른들이 미워요.

선생님 : 교육열 많기는 으뜸인데 자기 자식만 알지 이웃을 모르는 게 문제란다. 말로만 사랑한다니까.

재일 : 하루에 서넛의 아기가 버려진다던데 사실인가요?

선생님 : (한숨을 쉬며) 동방예의지국이라던 이 나라가 왜 이럴까? 기가 막히는구나! 경제 대국이면 뭐하나? (막이 내린다.)

제4장 재일의 집

(정지용 시, 채동선 곡, 조수미 노래 고향)

슬픈 노래 멈추고.

아버지 : 여보. 암만 생각해도 포기해야 할까 봐. (편지를 보여 준다.)

어머니 : 유학을 포기해요? 잘 되라는 건데…. 한 번 약속했으면 지켜야죠.

아버지 : 약속을 위반했으니 그쪽엔 사과하고 배상이라도 하면 될거구….

어머니 : 절대 안돼요. 난 홀몸이 아니란 말이에요. 아기가 태어나면….

아버지 : 둘 다 잘 키우면 될 게 아니요?

어머니 : 안 돼욧. 정 안되면 내가 나가겠어요. 그럼 될게 아네요. (방 안으로 들어가서 보따리를 가지고 나온다.)

아버지 : 그게 아니구. 그게 아니란 말야.

어머니 : 둘 중에 선택하세요. (나가려하는데 아버지가 붙잡는다.)

재일 : (방 안에서 나오며) 엄마, 엄마, 가지마세요. 전 엄마 뜻대로 프랑스든 아프리카든 가겠어요.

아버지 : 재일아. 내가 잘못했다. 너의 엄마만 살았어도 이런 꼴이 안 될 텐데. 내가 눈이 멀었나 봐….

재일 : 엄마가 나가시면 앞으로 태어날 제 동생은 어찌되겠어요? (새엄마 치마를 붙들고) 엄마, 가지마세요.

어머니 : 너도 알겠지만 프랑스 가는 집은 잘 사는 가정이란다. 호강하구 대학까지 보내준다니 얼마나….

재일 : 저는 호강도 대학도 다 싫어요. 친구들과 이 나라에서 살고 싶지만 엄만 가지마세요. 제가 갈게요.

이때 아이들이 꽃다발을 들고 나온다.

재일 : 뭣 하러 왔어?

보라 : (꽃다발을 주며) 자, 받기나 해.

지은 : 우리가 알아보니 너는 안 가도 돼. 강제로 보낼 순 없다는 거야.

재일 : 아기는 좋아서 가겠니? 이 나라 어른들이 나도 싫어졌어.

문재 : 네 맘 알아. 앞으로 아기들 해외수출 반대운동도 하자.

보라 : 그래. 넌 우리와 살 수 있어.

아버지 : (어색한 듯) 잘못했다. 내가 죽일 놈이다. 얼이 빠졌었어.

어머니 : (재일이 손목을 잡으며) 재일아! 재일아! 용서해라. 잘못했구나!

(명쾌한 곡)

막이내린다.

나무

때 : 현대

곳 : 어느 도시

나오는 이들 : 아이1, 아이2, 순경, 나무1, 나무2, 나무3, 고기1, 고기2, 고기3, 새1, 새2, 새3, 김사장

아이1 : 그전대로 해놓으셔야지요.

아이2 : 그게 가능할까요?

순경 : 식물학 박사라도 찾아보고 대책을 세워야겠지? 먼저 산주인한테 가 봅시다. (모두 퇴장하고, 새, 고기, 나무들이 슬금슬금 나온다.)

나무1 : 새는 좋겠다. 나래 쳐 가고픈 곳 어디든 가고 오고.

나무2 : 새는 좋겠다. 하늘 가까운 곳 둥우리 틀어 밤이면 별님과 얘기 나누고, 바다가 그리우면 바다로 날고.

나무3 : 새는 좋겠다. 먹을까 입을까 생각지 않고, 네 땅 내 땅 다툼도 없이 소리마다 노래되고 나랠 펴면 하늘꽃.

고기1 : 마음이 하늘같아 하늘 훨훨훨.

고기2 : 신이 난 새들 목청 돋우면.

고기3 : 사나운 산짐승도 귀를 세우며 마음이 소리처럼 밝아지겠다. 노루, 사슴, 토끼처럼 선해지겠다.

새1 : 그건그건 옛날 얘기.

새2 : 지금은 벌레들이 멸종되어 하나 둘 없어지니, 빼빼마른 이 내 몸을 보라구.

새3 : 우리는 옛날이 좋았단다. 그 시는 옛날이야기가 아닐까?

나무1 : 그래도 너희들은 자유가 있으니 얼마나 좋으니? 우린 이렇게 몸속에 그 독한 제초제. 그 독한 폐유를 구멍 뚫고 집어넣어도 꼼짝 못하고 당해야만 한단다.

나무2 : 우린 잎을 따고 가지를 꺾어도 웬만하면 다시 살아나는데….

나무3 : 이렇게 구멍을 뚫고, 제초제랑 폐유를 넣으면 바로 죽지도 않고 시름시름 앓다가 결국은 죽는단다.

나무1 : 가슴이 쓰려오는구나. 답답하고 괴로운 몸 누구에게 하소연이나 할까? 아아 괴롭구나!

나무2 : 우리가 다 자라는 동안 사람에게 산소를 공급하고 공기를 맑게 해주고, 탄산가스를 흡수하련만….

나무3 : 다 자라면 좋은 재목도 되고 대들보 되고 종이가 되어 요긴하게 쓰여지련만….

나무1 : 무참하게 죽으니, 원통하구나!

고기1 : (끄덕이며) 정말 안됐구나!

고기2 : 우리도 자칫하면 죽는단다.

고기3 : 저 강물이 검정색인 걸 보았지? 저곳에 잘못 흘러가면 그냥 숨도 못 쉬고 죽어 버린단다.

고기1 : 우리 친구들, 이 산골짜기 좁다고 큰 강 갔다가 모두 죽었단다.

고기2 : 우리 정신 똑바로 차려서 오염된 시냇물, 강물에 가지 않아야 해.

고기3 : 아, 아까 이상한 검정물이 떠오기에 무심코 마신 것이, 이상해… 배가 살살 아프고 구역질이 나고 기침이 나고 쿨럭쿨럭….

고기1 : 아아, 어쩌면 좋으니. 자, 이 맹물을 자꾸자꾸 마셔 봐, 어서.

고기2 : 의사도 간호사도 없는 우리들은 스스로 몸 관리 할 수밖에 없지.

고기3 : 쉿, 누가 오나 봐! 피하자. (모두 제자리로 가고, 김 사장 심각한 표정으로 고갤 떨구고 나온다.) (이때 자연의 분노를 나타내듯 조명이 혼란하게 비추고 자극적인 음향 효과 비바람 천둥, 번개, 번개, 폭포수 쏟아지는 소리 한동안 계속되다가 멈춘다.)

김사장 : (넋 잃은 듯 혼잣소리로) 사랑하는 영심아! 네가 가다니, 네가 가다니 하나님이 원망스럽구나.

너의 네 번째 수술을 성공시키지 못하고, 꼭 참을 테니 울지 말라고 아빠에게 말하던 너! 내 너를 위해 부르고 싶은 노래가 있다. 죽음이란 걸 생각해 본 그 밤도 가슴 깊이 묻어 두고, 찬란한 햇살 아래 나란히 누워 뜨거운 눈물로 합창하자. (무릎을 꿇고) 맘껏 뛰어 놀게, 노래하고 춤추게 내버려 둘 걸, 노래처럼 공부공부 한 게 미안하구나. 내가 좀 살만하다구 인간이나 자연을 우습게 알고 파헤치고 오염시킨 게, 이제야 잘못이라는 걸 알게 되는구나. 차라리 죄 많은 나를 데려가지 왜 널, 피는 꽃망울을 데려간단 말이냐? 후회한들 소용없지만 이제라도 맘껏 울고, 회개하는 모습을 알아 줄 수 있겠니? 영심아! 우리 귀여운 영심아! (흐느껴 우는데 「봉선화」 합창으로 들려오고 막이 내린다.)

행복한 우리들

때 : 현대

곳 : 어느 도시

나오는 이들 : 지영, 지수, 엄마, 선생님, 할머니, 놀자, 쉬자, 먹자, 가자, 안내하는 요정, 지도하는 요정, 소리, 아이1, 아이2, 아이3, 아이4

제1장

(막이 오르면 지수와 지영이 남매가 바닥에 앉아 울상을 하고 있다.)

지영 : (울듯한 목소리로) 언니, 어떡하지? 이번에 본 시험 점수가 너무 나빠.

지수 : (찌푸린 얼굴로) 나도 그래. 평균점수가 80점도 안 돼. 전보다 10점이나 떨어져서 선생님께도 꾸중을 들었다.

엄마 : (나오며) 지수야, 지영아. 오늘 통지표 받았지? 어서 꺼내봐라.

지수 · 지영 : (조그만 목소리로) 네 (조심스럽게 통지표를 꺼내 엄마에게 보여 드린다.)

1994년 8월 5일, 전국 연극지도교사들과 함께 손톤 와일더 작 오화섭 번역으로 「우리읍네」를 국립중앙극장에서 공연하였다.

엄마 : (갑자기 안색이 바뀌며 화가 난 목소리로) 아니, 이게 성적이라고 받아온 거니? 저번에 약속했잖아? 95점 이상 맞겠다고. 그런데 90점은커녕 80점도 안 돼? 이건 말이 안 돼. 엄마가 앞으로 어떻게 얼굴을 들고 다니겠니? 얼른 방에 들어가서 공부햇! (밖으로 나간다)

지수 · 지영 : (힘없는 목소리로) 네….

지영 : (울음을 터뜨리며) 언니, 어떡하면 좋지? 난 최선을 다했는데 성적은 자꾸만 떨어지고….

지수 : (눈물을 글썽이며) 나도 그래. 정말 걱정이야.

지영 : (울음 섞인 목소리로) 엄마 미워!

(둘이서 두 손을 꼭 잡고 '하늘나라 동화' 노래를 부르다가 잠이 들고 불이 꺼진다.)

제2장

(조명이 밝아지고 환상적인 꿈나라, 얼마 후 눈을 떠 보니 이상한 곳에 와 있다.)

지영 : (떨리는 목소리로) 언니, 여기가 어디지?

지수 : (고개를 갸웃거리며) 글쎄, 난 잘 모르겠는데….

(그때 마침 안내하는 요정이 나오며)

안내하는 요정 : (웃는 얼굴로) 너희들, 참 잘 왔어. 이곳은 꿈의 나라야. 이곳은 시험도 없고, 공부 하라는 사람도 없어. 그리고 갖고 싶은 것은 다 가져도 돼.

지영 · 지수 : (환한 얼굴로) 와! 신난다.

안내하는 요정 : 내가 안내해 줄 테니, 따라와 모든 게 맘에 들거야.

(무대를 한 바퀴 돌며)

(조금 가다보니 여러 어린이들이 모여서 놀다가 두 자매를 보고 웃는 얼굴로 다가온다)

놀자 : 안녕? 내 이름은 놀자야. 너희들이 온 것을 환영해.

쉬자 : 내 이름은 쉬자야. 잘 부탁해.

먹자 : 내 이름은 먹자야. 이름만큼 많이 먹어서 이렇게 살이 쪘어.

자자 : (잠을 자다가 눈을 비비고 일어나 기지개를 펴며) 아~함! 잘~잤다! 어? 너희들 새로 왔구나! 귀찮게 내 소개를 해야 되다니, 내 이름은 자자야. 잠을 많이 자서 그런 이름이 붙었어.

(그 때 지도하는 요정이 나오며)

지도하는 요정 : 애들아, 내가 왔어.

친구들 : 어? 지도하는 요정이구나!

지도하는 요정 : 오늘도 신나게 놀자, 참! 새 친구들이 왔구나, 또 내 소개를 해야겠네. 하루에도 몇 십 명의 아이들이 이곳을 찾아와서 소개하기도 피곤하거든. 나는 지도하는 요정이야. 어린이들이

재미있게 놀 수 있도록. 놀이를 가르쳐 주지. 자, 그럼 무슨 놀이 할까?

놀자 : 우리 숨바꼭질하고 놀자.

쉬자 : 피곤한데. 그냥 쉬자.

먹자 : 아니야, 배고플 테니까, 실컷 먹기나 하자.

자자 : 너희들은 생각이 왜 다 그 모양이니? 차라리 잠이나 자자.

지도하는 요정 : 다 좋은데 한꺼번에 할 수 없으니까 먼저 '개똥벌레' 노래를 부르자.

아이들 : 그래, 좋아. (노래하며 춤춘다.)

지도하는 요정 : 모두들 날 따라와, 틀림없이 신날거야.

(모두들 길을 걷다보니, 평소에 갖고 싶던 장난감과 맛있는 음식이 있다.)

지영 · 지수 : (감탄하며) 야! 정말 신기하구나!

지도하는 요정 : 여기서 너희들이 갖고 싶은 건 맘대로 다 가져도 좋아. 그리고 맛있는 것도 마음껏 먹어.

지영 : 언니, 정말 이 곳에 오길 잘했지? 그렇지?

지수 : 그래. 시험 걱정, 공부 걱정이 모두 모두 없어 좋구나. 이건 웬 떡이냐? (주워 먹는다)

자자 : 애들아, 피곤하다. 그러니 잠을 자는 게 어떠니?

아이들 : 그래, 그래.

(모두들 놀던 자리에서 잠을 잔다. 시간이 조금 흐르자, 지수가 눈을 비비며 일어난다.)

지수 : (흔들어 깨우며) 지영아, 어서 일어나. 지영아!

지영 : (눈을 비비며 잠이 덜 깬 목소리로) 왜 그래 언니?

지수 : 우리 이곳을 좀 더 구경해 보자, 우리 둘끼리만 말야.

지영 : 그래. 좋아!

(지수와 지영이가 걸어가는데 갑자기 어두워지면서 길을 잃는다. 천둥번개 소리가 들린다.)

지영 : 언니, 무서워! 여기가 어디야?

지수 : 글쎄, 나도 잘 모르겠어.

지영 : (몸을 떨며, 손으로 몸을 감싸고 웅크리며) 언니, 추워. 엄마…. 엄마가 보고 싶어. 흑흑….

지수 : 조금만 참아, 그러면 좋은 수가 생길지도 몰라. (둘은 계속해서 길을 걷는다. 그러자 천둥 번개가 더 치며 비가 쏟아진다.)

소리 : 너희들은 누구냐? 감히 어둠의 나라에 오다니! 여기에 온 이상 이곳을 빠져 나가지 못한다. 알겠느냐?

(둘은 무서워서 계속 도망친다. 그러다가 어디선지 빛이 나오는 것을 발견하고 그 쪽으로 간다.)

지영 : 오? 하나님, 살려주세요.

지수 : 부모님 말씀 잘 듣고 공부 잘 할게요.

지영 : 언니, 저게 뭐지? (먼빛을 가리키며 신기한 듯 우러러 본다.)

지수 : 어? 그런데 저기 앉아있는 사람은 누구지?

(그때 산신령이 뒤를 돌아본다.)

산신령 : 너희들도 마법의 거울이 필요한가 보구나.

지영 · 지수 : (놀라며) 예? 마법의 거울요?

산신령 : 그래. 그 거울에는 자기가 보고 싶은 것이 다 나오지.

지영 : 와! 나도 그 거울을 보고 싶어요.

산신령 : (거울을 건네주며) 자, 어서 봐라.

지영 : (잠시 생각하며) 음 엄마, 엄마가 보고 싶어요. 엄마, 정말 효도할게요.

지수 : (거울을 향해) 엄마! 시험공부도 할게요.

(거울 속의 엄마가 둘을 찾아 헤맨다.)

지영 : 언니. 나, 집에 갈래. 엄마가 보고 싶어.

지수 : 나도 그래. 우리 집이 제일이야.

산신령 : 그렇게 집에 가고 싶으면, 눈을 감고 집을 생각해 봐. 그리고 맘속으로 열을 세 봐. 그러면 집에 가 있을 거야.

(지수, 지영 눈을 감고, 하나, 둘, 셋, 넷… 불이 꺼진다.)

제3장

(불이 켜지고 엄마가 방문을 열고 들어온다.)

엄마 : (큰 소리로) 애들아, 빨리 일어나! 이러다간 학교 늦겠다.

지수 : (눈을 비비며) 어? 정말 집이로구나! 집으로 돌아왔어. (지영이를 흔들며) 지영아, 빨리 일어나. 우리가 집으로 돌아왔어!

지영 : (깜짝 놀라며 일어난다.) 뭐? 우리가 집으로 돌아왔다고? 야, 신난다!

엄마 : (고개를 갸웃거리며) 너희들 무슨 소릴 하는 거니? 빨리 찬물로 세수하고 정신 좀 차렷!

지수 : (시계를 보고) 어? 벌써? 8시네? 빨리 준비하고 학교에 가야겠어.

(지수와 지영이는 책가방을 챙기고 집을 나선다. 불이 꺼진다.)

제4장

(학교에 도착해 교실문을 열고 들어서보니 물총 쏘는 아이, 공 던지고 받는 아이 등 교실이 시끌벅적하다.)

아이1 : (큰 소리로) 어~이! 쌍둥이, 양동이, 물동이, 쌍라이트! 오늘도

둘이 꼭 붙어서 오네?

지수 : (화를 내며) 왜. 그렇게 놀리니?

지영 : 언니 언니가 참아. 쟨 원래 저런 애잖아. 언니가 안 참아주면 어떡하겠어? 옛말에 참는 자에게 복이 있나니 했잖아?

지수 : 그래. 내가 참아야지.

아이2 : 선생님 오신다!

(아이들, 모두 제자리에 앉는다. 이윽고 선생님이 들어온다.)

반장 : (일어서며) 선생님께 경롓!

아이들 : (건성으로) 열심히 배우겠습니다.

선생님 : (웃음 띤 얼굴로) 여러분, 안녕하세요? 첫 시간은 도덕 시간잉요. 도덕책 123쪽을 펴세요.

아이3 : (갑자기 일어서며) 선생님, 첫 시간은 도덕책 123쪽을 펴야 되겠지요?

선생님 : (어이없어 하며) 조금 전에 내가 말했잖니?

아이3 : (다시 일어서며) 선생님, 제가 실수했네요. 그런데, 마침 지수가 글을 써왔대요.

선생님 : 참 기특하구나. 그런 생각까지 다 하다니. 무엇에 관한 글인데?

지수 : (우렁차게) 우리 선생님이에요. (지수 천천히 읽는다.)

선생님 : (감탄하며) 참 잘하는구나. (아이들 모두 박수를 친다.)

아이4 : (큰 소리로) 선생님! 제가 통일에 관한 동시를 지었는데 읽어볼까요?

선생님 : 좋아.

(아이4. 동시를 낭송한다.)

선생님 : 우리나라가 둘로 갈라진 것은 일본 때문이란다. 나라를 빼앗

고, 젊은이는 군대로 여자들은 정신대로 끌고 가 결국은 죽게 하고, 피를 흐르게 했지. 말과 글과 이름도 빼앗아 가고 일본 말글을 쓰게 했지.

아이1 : 지독한 놈들, 지금까지 원폭 피해자나 정신대 끌고 간 것을 배상도 않는다지요?

아이2 : 눈물도 양심도 섬나라 왜놈들이라서….

아이3 : 근데 우리는 일제 학용품, 장난감, 비디오, 만화만 좋아하니. 큰일이야.

선생님 : 우리 모두 깨어날 때란다. 일본은 문화와 경제로 벌써 쳐들어 왔는데 우린 잠만 자고 있으니 걱정이야.

아이들 : 그래요. 선생님!

아이4 : 일제 강점기에 한이 맺혀서 많이 불렀던 복숭아 노래 좀 불러 봐요.

선생님 : 그래, 일제 강점기에 용감히 싸우셨던 선열들을 그리며, 함께 불러 보자. (복숭아 노래 합창)

지수 : 아, 슬퍼지는구나, 그러나….

지영 : 몸과 마음을 튼튼히 해야지요? 또 당하지 않으려면….

지수 : 우리들은 꿈나무, 모두 깨어나 힘을 길러요. 그리고 세계에서 으뜸나라 만들어요.

지영 : 건강을 위해서 흥겹게 생활체조할까요?

모두 : 좋지, 좋구 말고. (생활체조 리듬에 맞추어 모두 흥겨운 체조를 한다.)

막이 내린다.

이야기가 있는 시낭송 출연진

하늘에 닿은 논개의 절개

일시_ 2017년 9월 23일(토) 오후 5:00 | 장소_ 뿌리공원 수변무대
주관_ 대전광역시 중구청 | 주최_ 대전시낭송인협회, 솔바람시낭송회

감독 변상호

연출 김선호

극본 · 낭송 이완순

기획 이경옥

음악 양동길

사회 김종진

내레이션 박덕환

내레이션 민효선

지도 · 낭송 박정숙

낭송 정원교

낭송 임채원

낭송 길선주

낭송 이경숙

낭송 이찬로

낭송 강임구

낭송 신익현

낭송 문경화

낭송 이재분

특별출연
허진주

특별출연
혼의소리 최재구와 시나위

특별출연
브라비 난타

제5부

—

변상호의 작품세계

아이들이 찾는 정의의 세계
'갈 수 없는 나라'를 중심으로

박 순 길

1. 동심 속에 살아온 극작가

변상호 선생은 극본을 쓰는 극작가이다. 선생은 1972년 문화공보부가 현상 공모한 문예창작에서 동극부에 '꽃자리 마을'이 당선되어 데뷔했다. 당시 심사위원장이었던 김영일 선생이 동극분야는 황무지나 다름없으니 좋은 씨앗을 뿌려서 풍성하게 해 달라는 말씀을 지금도 기억할 정도로 동극분야에 많은 관심을 가지고 있다. 늦었지만 선진국처럼 교과목에 연극교육을 넣고 전문가들을 양성하여 한국 어린이들에게 참 예술의 맛을 보여주겠다는 다부진 각오도 당선소감에 발표했다. 극본은 연극의 무대에 올리는 글을 쓰는 것으로 그는 주로 아동극을 쓰고 있다. 흔히 시를 쓰는 사람에게 시인, 소설을 쓰는 사람에게 소설가로 호칭하듯 동극을 쓰는 사람을 흔히 극작가라고 하는데 글을 쓰는 사람을 총칭해서 작가라고 하나 여기서는 극본에 한정하여 변 작가라고 호칭한다.

변 작가는 의욕이 넘치는 사람이다. 극본을 쓰면서도 사회활동을 많이 하고 있다. 약력을 보면 충청교육신문 이사, 예사랑 시민대학 공동대표, 국제청소년문화원 문예교육위원장, 대전문협 이사, 대전문학사랑모임 회장, 인간사랑운동 본부장, KTX 서대전역 경유 시민운동 공동대표, 대전청소년단체협의회 부회장, 늘푸른예술단 단장, 대전새교육공동체협의회장, 우리문화연구회장, 대전어린이문화진흥회장, 이외에도 그의 왕성한 사회활동을 엿볼 수 있다. 변 작가는 사회활동뿐만 아니라 성격상 도리에 어긋나는 일이나 불의한 일이 있을 경우 참지 못하고 선봉에 선다. 언젠가 아동문학 회장으로 있을 때 함께 시장집무실을 찾아가자고 몇 번이나 전화를 받았는지 모를 지경이다. 그만큼 아동문학을 사랑하고 작은 힘이라도 보태려고 하는 마음이 강했을 것이다.

변 작가는 직장의 처음을 교사로 출발했다. 일찍이 사범학교를 졸업하고 교사생활을 하다가 뜻한바 있어 사직하고 사업을 했다. 사업이 뜻한 대로 되지 않자 궁여지책으로 택시 사업을 시작하기도 했다. 왕성한 사회활동이나 부당하다고 생각되는 일에 앞장서거나 끈질긴 근성으로 보아 기자가 딱 어울린다는 생각을 가져본 적이 있다. 변 작가 이전에 교사생활을 했을 때 그의 성격으로 봐서 학교의 여러 행사를 주관했을 것이다. 전에는 학교행사 중 연극을 지도하여 학부모에게 직접 선보이기도 했다. 또 교실에서도 연극을 하여 학생들이 주인공 역을 서로 하려고 했다. 국어책의 한 단원에는 극본이 있었다. 이 무렵 연극을 지도하다가 극본을 수정한 경험을 바탕으로 극본을 직접 쓰지 않았을까 추정해보기도 한다.

극본이 연극을 실시하기 위한 것으로 배우들의 행동을 나타내는 지문, 말로 의사전달을 하는 독백, 무대설치를 위한 배경이 빠지지 않는다. 연극이 있는 곳에는 항상 극본이 있기 마련이나 글이 없는 고대 원시시대에는 인간들에게 확실한 언어가 없었기 때문에 손짓, 발짓,

몸짓, 또는 괴성에 의존해서 의사소통을 했을 것이다. 이러한 행위로 우리가 흔히 말하는 연극의 발생이 되었을 것이나 문자가 생긴 후에는 체계적인 극본이 만들어지고 결국 문학의 한 장르로 자리매김 했을 것이다. 오늘날 연극의 3대 요소는 공연장소, 관객, 공연자가 모두 들어있다. 극작가는 이런 상황을 설정하고 극본을 쓰고 있다.

2. 작품보기

2-1. 갈 수 없는 나라

'갈 수 없는 나라'는 〈푸른메아리 39집〉에 실려있는 작품이다. 동극으로 학교의 교실이 연극의 주된 무대이다. 앞서 말한대로 변 작가가 교사출신이기에 학교 혹은 교실에서 연극의 한마당을 올리기에 알맞은 작품이다. 한 때 우리나라가 자식들은 많고 먹고 살기가 궁핍했던 시절, 아이를 해외로 입양시켰던 일을 주 내용으로 삼은 내용이다. 아버지와 계모 사이에 주인공이 입양을 가게 되나 친구들의 만류로 포기한다는 해피엔딩이 극 내용이다.

1) 곳

도시의 학교이다. 도시라는 말 속에 사람들이 많이 살고 있는 곳에서 있었던 대표적인 사회 이슈를 고발하려 했던 작자의 의도를 엿볼 수 있다.

2) 나오는 이들

문재, 재일, 보라, 지은, 아버지, 어머니, 선생님, 아이 1,2,3으로 10여 명으로 학급에서 연극을 올렸을 때 적당한 인원이다. 인원이 많으면 역할을 많이 주어야하기 때문에 극 내용이 대작이어야 하고 대사가 전체적으로 내용에 초점을 맞추면서 많은 배우를 관리해야 하므로 연출이 어렵다. 학급에서 올리기에는 적은 인원으로 사회의 이슈를 고발하는 내용이면 충분하다.

3) 대사 구성

역할이 큰 문재와 재일은 남자이고 분위기를 만드는 보라와 지은이는 여자다. 문재와 재일이가 싸우는 것으로 무대가 시작된다. 비교적 대사가 짧아 배우가 쉽게 대사를 외울 수 있게 하면서 아주 명쾌하게 헛된 말 없이 본론으로 가는 직접대화체로 구성된다. 보라와 지은이는 사건을 풀어가는 비교적 가벼운 역할을 하고 있다. 이는 여자들은 어떤 일에 나서지 않고 지켜보면서 자신의 감정을 직접 드러내지 않는 어머니 같은 역할을 품어 안으면서 극을 이끌어 가고 있다.

4) 장면 구성

제1장 교실 안

단순한 소품으로 이루어진 교실 안이다. 교실은 의자와 책상 몇 개만 놓여있고 주변에 그림 몇 장 붙여놓으면 연극을 할 수 있는 단순한 세트이다. 단순한 세트이면서 내용을 충분하게 전할 수 있다면 더없이 좋은 구성이다. 구성이 복잡하면 준비도 어렵고 소품 하나마다 의미부여를 해야 함으로 내용도 어렵다. 등장 배우는 아이들 8명이 극의 발단을 조화롭게 잘 진행시키고 있다. 주인공 문재와 재일이가 싸우고, 아이 1,2가 서로 편을 갈라 이기라고 응원하고 지은과 보라가 다친 아이의 피를 닦아주며 말리고 있다.

보라 : 재일아, 너 어느 땐 눈 감고 괴로워하던데 무슨 일 있니?
지은 : 그래. 말 못할 고민이 있나 봐.
재일 : (고개만 흔들다가) 애들아, 나 있지, 영영 헤어질 것 같아….

싸움을 말려놓고 극을 전개시키기 위한 대화 내용이다. 싸우기는 문재와 재일이가 싸웠는데 주인공 재일이에게 대화를 유도하고 있다. 문재에게도 왜 싸웠는지 물어서 사건의 공평성을 훼손하지 않았으면 내용을 읽기가 더 쉬웠지 않았나 하는 생각이 든다. 지은이가 바로 단정하는 것도 조금은 성급하다. 영영 헤어질 것 같다는 재일이의 말도 그렇다. 다소 뜸을 만들어서 전개되는 내용이 부상됐으면 어떨까?

재일 : (머리를 세게 흔들며) 저 있지. 나 프랑슨가 어디루 입양 가.
보라 : 입양이라니? 부모가 계신데도?
지은 : 유학 가는 거겠지.
재일 : 아냐, 팔려 간단 말야.

전개의 절정 부분이다. 4명의 주인공들의 대화가 비교적 격의 없고 부드럽다. 보라의 대화 때문이다. 보라의 대화가 없어도 의미는 훼손되지 않는다. 주인공이 대화를 나눌 때는 위, 아래의 대화가 자연스럽고 이해가 쉽고 비유가 적절해야 하는 이유이다. 결국 유학 가는 게 아니라 입양가고 팔려간다는 극중 내용을 전달하기 위함이다.

제2장 재일의 집

제1장 교실 안에 비해 다소 복잡한 구성이다. 단독주택, 가방을 만드는 작은 공장, 재봉틀 소리를 구성하기는 상당히 벅차다. 단독주택을 커다란 그림으로 무대 막을 구성한다해도 가방을 만드는 작은 공장을 구성하기가 쉽지 않다는 것이다. 여러 개의 가방을 준비하고, 재봉틀을 놓고 재봉틀로 가방을 재단하는 구성이 학급에서 연극으로 올리기가 어렵지 않겠나 하는 생각이다.

재일의 집을 싸웠던 문재가 아이들과 함께 찾아간다. 아버지는 입양 가는 것이 아니라 유학 가는 것이라고, 자식 잘 되라고 하는 것이라고 한다. 극이 절정에 치달아 가고 있다. 아이들의 입양은 70년대에도 우리나라에서 많이 볼 수 있었던 일이다. 식구들은 많고 먹을 것은 적어서 어쩔 수 없이 입양시켰던 후진국형 가치관이 아이들의 대화에서 진행되고 있다.

지은 : 재일이가 입양가나요?

아버지 : (화난 목소리로) 그게 아니구, 돈 많은 사람처럼 유학 가는 거란다. 유학은 일찍 갈수록 좋은 거니까.

민재 : 친어머니가 아닌가요?

아버지 : 그게 무슨 상관이냐? 다 자식 잘되라고 그런 거니까….

보라 : 해외 입양은 부모 없는 고아나 버려진 아기들만 보내지는 줄 아는데요?

입양 가는 것이냐고 묻는 지은이에게 아버지는 유학 가는 것이라고 대답한다. 민재는 친어머니 아니냐고 묻는다. 보라는 부모 없는 고아나 버려진 아이들만 입양을 간다고 한다는 내용이다. 여기서 지은이 다음에 보라, 그 다음에 민재, 마지막으로 아버지의 대화가 나왔으면 이해가 더 쉽고 자연스럽지 않았을까? 지은이가 입양을 가느냐는 물음에 입양은 부모 없는 고아나 버려지는 아이들만 보내지는 것이라는 보라의 말 다음에 민재의 친어머니가 아니냐는 물음이 자연스럽다. 아버지의 유학 간다는 말에 친어머니가 아니냐는 민재의 말이 상치되기 때문이다.

이후 전개되는 대회 내용은 아버지를 설득하는 주인공 민재와 보라, 지은, 아이들의 활동무대이다. 아버지의 욕지거리가 아이들의 공감대를 살릴 수 있다. 단 욕의 정도가 어디까지인지 궁금하다. 연극에서 지문은 주인공의 행동을 구체적으로 보여준다. 이는 연출가의 판단에 따라 다소 느슨해질 수도 있고 강해질 수도 있다.

보라 : “너 일본사람이니? 중국사람이니? 어디서 왜 왔니?” 놀림 받고 손가락질 받으며 기죽어 살게 아녜요?

아이들 입장에서 쉽고 이해가 되는 적절한 대화이다. 극본에 쓰는 대화도 관객의 수준에 맞는 대화를 찾는 일이 중요하다. 이는 마치 시인이 시어 하나를 찾기 위해 온통 사전을 뒤지는 고통과 같다. 내용을 쉽게 접근시키는 것은 알맞은 대화를 찾는데서 시작된다.

제3장 교실 안

책상과 의자 10여 개, 상징적인 풍경. 공을 던지고 받는 아이, 장난치는 아이, 수군거리는 아이, 어수선한데 수업 종소리와 함께 선생님이 입장한다.

소품이 제1장과 마찬가지로 단순하다. 아이들의 행동도 쉽게 접근할 수 있다. 단순하고 쉬울수록 연극하기가 좋다. 대본을 쓸 때 이런 점을 고려해야 한다. 극작가가 대본만 쓰면 된다는 생각으로 무대소품을 복잡하게 구성시키면 결국 연출가가 어려워진다. 연출가가 각색을 많이 하는 까닭은 다른 것으로 대체하여 구성하면 더 편리하기 때문이다.

교실의 수업장면으로 시작한다. 선생님은 이번 시간에는 궁금한 것에 대해 묻도록 한다. 아이들은 123×124×567의 답을 묻고, 세상에서 아흔 아홉 번째로 긴 강과 높은 산을, 선생님은 똥배가 나왔냐고 묻기까지 한다. 일류대학에 꼭 가야하는지, 적성에 맞지 않은 의사가 꼭 되어야하는지, 판검사가 되라고 부모가 들볶는다는 하소연부터 고3병에 걸려서 병원에 다니는데 시험이 없는 나라는 없는지 그야말로 순진하고 아이들의 관심과 고민의 내용을 나열하고 있다. 이러한 내용은 극중의 전개에 대해 관심이 먼 것들이다. 재일이의 입양을 꺼내기 위해 설정한 대화 내용이다.

문재 : 저도 한마디 하겠는데요. 지금 우리 반 재일이가 어떤 고민에 빠져 있는 줄 아세요?
보라 : 저, 재일이가 프랑슨가 어디로 입양가나 봐요.
지은 : 우리가 재일 아버지께 보내지 말라고 사정했지만 실패로 끝났어요.
문재 : 선생님은 모르세요?
선생님 : 나도 재일이 부모님을 만나 뵙고 얘기했지만 어쩌지 못해 걱정만 하고 있단다.

대화 내용이 군더더기가 없다. 아이들이 사용하는 말로 대화의 내용이 차분하다. 극의 주인공과 선생님까지 재일이의 입양을 반대하고 부모님을 설득하였으나 실패하여 서로의 고민을 공감하고 있는 부분이다. 이렇게 쉬운 대화를 구사하면서 극을 구성하는데 무리가 없다면 좋은 대본이고 연출가가 좋아할 것이다.

문재 : 저희 부모님과 상의했는데요. 저와 같이 키워주실 수도 있다고 했어요.

위의 선생님 대화 다음에 연결된 내용이다. 극의 흥미를 유발하기 위해 사용된 대화라도 좀 거칠다. 아무리 아들 친구라지만 똑같이 키워줄 수 있겠는가? 아무리 여유 있는 가정이라 한들 식구 하나를 늘려가면서 키워줄 수 있겠는가? 문재와 문재 부모님이 함께 하였다는 대화 내용으로 구성하여 걱정을 앞세웠다는 현실적인 내용이었으면 어땠을까? 하는 아쉬움도 있다.

제4장 교실 안

정지용 시인의 시에 조수미의 목소리로 '고향'이 울려 퍼진다. 다소 쓸쓸하게 들리는 곳이다. 극의 반전을 지나 결말로 치닫기 위해 음악은 미리 예고해주는 보조역할을 하고 있다. 초등학생을 상대로 하는 극본이라 초등학교에서 배우는 곡은 아이들이 좋아하지 않는다. 오히려 젊은이들이 한창 유행하는 곡을 따라하는 경우가 대부분이다. 정지용은 고향의 상실과 자연에 대한 관조를 감각적인 언어로 묘사한 30년대 대표 시인으로 극작가의 의도를 충분히 엿볼 수 있다.

아버지와 의붓어머니 사이에 재일이의 입양을 두고 갈등이 계속되다 재일이의 입양을 포기하는 해피앤딩으로 치닫고 있다.

아버지 : 재일아, 내가 잘못했다. 너의 엄마만 살았어도 이런 꼴이 안 될 텐데. 내가 눈이 멀었나봐….

재일 : 엄마가 나가시면 앞으로 태어날 제 동생은 어찌되겠어요? (새엄마 치마를 붙들고) 엄마, 가지마세요.

어머니 : 너도 알겠지만 프랑스 가는 집은 잘 사는 가정이란다. 호강하구 대학까지 보내준다니 얼마나….

재일 : 저는 호강도 대학도 다 싫어요. 친구들과 이 나라에서 살고 싶지만 엄만 가지마세요. 제가 갈게요.

입양을 보내기 싫어하는 아버지, 입양을 보내고 싶은 어머니, 입양을 가기 싫은 재일이의 마음이 잘 나타난 부분이다. 아버지는 죽은 아내의 자식까지 전체를 아우르고 싶고, 어머니는 자신이 낳은 자식과 남편만으로 한계를 두고 싶고, 재일이는 이 사이에 끼어서 어찌할 바를 모르다가 결국은 가겠다는 결연한 의지를 보였다.

마지막 부분이다.

지은 : 우리가 알아보니 너는 안가도 돼, 강제로 보낼 순 없는 거야.
재일 : 아기는 좋아서 가겠니? 이 나라 어른들이 나도 싫어졌어.
문재 : 네 맘 알아. 앞으로 아기들 해외수출 반대운동도 하자.

다소 과장스럽기도 하고 억지스럽다. 재일이의 친구들이 입양법을 알아보고 강제로 보낼 수 없다는 것을 찾는 부분이 그렇다. 이 극본대화를 꺼내기 전에 이 말이 나올 수 있는 보조대화나 상황 전개가 있었으면 과장스럽지 않을 것이다. 문재의 말도 그렇다. 아기들 해외수출 반대운동을 할 수 없다는 게 아니라 반대운동을 하기 전 어떤 과정이 생략되어 갑작스럽다는 느낌을 준다. 마치 아이들에게 꿈을 물어보면 '대통령이 되어 나라를 잘 살게 만들 거예요.'라고 한다. 대통령 되는 것이 불가능하다는 게 아니라 어떻게 해서 대통령이 되겠다는 과정이 없다는 것이다.

아버지 : (어색한 듯) 잘못했다. 내가 죽일 놈이다. 얼이 빠졌었어.
어머니 : (재일이 손목을 잡으며) 재일아, 용서해라. 잘못했구나!

결국 아버지는 반성하고 어머니는 잘못으로 용서를 빌어서 사태가 무난하게 해결되고 있다. 사태는 해결되었으나 행복하게 해결되었다고 볼 수는 없다. 입양을 보내겠다는 어머니와 새로 태어날 아기, 재일이의 고민은 계속될 것이라는 내용은 충분하게 유추할 수 있다. 이게 연극의 매력이다. 극본은 연극을 위한 글이기 때문이다.

이 극본이 1막 1장부터 4장까지 연극으로 올려 졌다고 가정해보자. 무대는 교실 단상이고, 객석은 교실, 입양을 보내려는 어느 가정으로 관객인 학생이 극에 깊이 몰입하거나 극중 주인공과 동일시되는 경우도 있다. 이 극본의 시대적 배경은 모두에서 밝힌 것처럼 60~70년대 나라의 경제가 지금의 절반에도 못 미쳤을 때 인구를 줄이기 위해 산아제한, 입양, 아이 하나 낳기 운동을 전개했을 때의 사회적 가치관을 아이들의 세계로 표철한 내용이다. 잘 드러나지 않지만 연극 한 편을 올리기 위해서는 음악가, 연출가, 조명감독 등 많은 자원이 필요하다. 이 극본을 연극에 올리기 위해서 연출가는 나라의 현실과 시대적 배경에 방점을 찍지 않았을까 한다. 연출가는 극작가가 글로 만들어 놓은 대본에다 자신의 의미를 가미하거나 작품을 재해석하여 연극을 만드는 가장 많은 권한 행사를 하기 때문이다.

이 극본은 단순한 극적 상황을 다루는 단순구성으로 학급의 연극으로 혹은 학교의 축제 때 발표하기 좋은 내용이다. 수많은 사건의 얽힘과 꼬임, 음모와 계략으로 복잡하게 구성되는 복합구성은 텔레비전의 연속극이나 영화에 적합하기 때문이다. 변상호 작가도 이 점을 모르는 바 아니고 또 역량이 없어서도 아니고 교사생활을 하다 보니 학교와 학생에 맞는 내용과 시대적 가치관을 찾으려고 애쓴 결과물임을 잘 알기 때문이다. 공연 장소가 주로 학교이고, 소품과 의상이 주변에서 쉽게 구할 수 있어서 극의 완성도를 높이는데 큰 어려움이 없이 잘 구성된 한편의 극본이다.

영원한 소년, 변상호
동극 작가의 삶과 문학

김 영 훈

1. 변상호 작가와 1982년 상면하다

변상호 동극작가는 영원한 소년이다. 올해 집 나이로 81세에 접어들었지만 그는 아직 소년이다. 해맑은 웃음이 있고, 천진스런 미소가 있다. 1972년 동극작품 「꽃자리 마을」로 문화공보부 신인예술상을 수상하면서 화려하게 문단에 나온 변상호 작가는 평생을 아이의 마음인 동심으로 살아온 작가이다. 그는 대전사범학교를 졸업하고 초등학교 교사로서 교단에 발을 내딛은 이래 초등보통교육을 수행하는 교육자로서 살았는데, 그 중에서도 글쓰기 입문기에 있는 어린이들의 창작지도와 학교 신문 편집 및 발간을 통해 어린이의 꿈과 희망을 다져온 참스승이기도 했다.

중간에 잠깐 충남대학교에 입학해 수학하다가 중퇴를 하지만 변상호 작가는 교사라는 신분으로 1973년 한상수, 구진서, 정만영, 유종슬, 김영수 등과 함께 대전을 중심으로 한 충남아동문학회 창립의 중추적인 역할을 시도한다. 일생을 아이의 마음으로 어린이와 함께 살아온 한결같은 삶, 그렇다. 그는 천진한 삶을 산 소년이다. 80의 나이를 넘긴 지금도, 그는 유소년의 마음으로 덩실덩실 춤을 춘다. 신나게 노래를 부른다.

그를 바라보며, 이 글을 쓰고 있는 필자도 어린이가 된 듯한 착각에 빠져든다. 필자뿐만이 아니다. 일생을 함께 하고 있는 우리 대전 · 충남아동문학회 회원들이 이동구성으로 그렇게 말하고 있다. 현재도 대전문인협회 이사로서 활동하고 있고, 대전문인총연합회가 발행하는 〈한국문학시대〉에도 작품을 열심히 내고 있는 등 문단생활을 하면서 밝고 천진하게 살고 있다.

필자가 변상호 작가를 처음 만난 것은 1982년 3월이었다. 당시 필자는 홍성군 반계초등학교에서 근무를 하다 대전에 갓 나와 처음 대전아동문학회(당시 충남아동문학회)에 가입했다. 그를 안 것은 그때부터였다. 당시 필자는 그를 하늘 같이 우러러 보았다. 필자는 1983년 월간 〈아동문예〉를 통해 등단했으니 아직은 월간 교육 자료에 추천을 마쳤을 뿐인 습작생이었다. 그에 비해 변상호 작가는 이미 1972년도 〈문화공보부 신인예술상〉으로 등단한 연륜 깊은 동극작가였다. 대전교육청에서 주관한 어린이 독서교육 및 글쓰기 교육과 관련한 행사 현장에서 그날 처음 그를 상면을 한 것이다.

그때도 변상호 작가는 해맑은 미소로 필자에게 다가왔다. 구진서 동화작가의 소개로 알게 되었는데, 그 자리에는 정만영 동화작가, 전영관 동시인 그리고 김영수 회원 등도 함께 있었다. 변상호 작가는 낯설어하는 필자를 다정다감한 눈길로 반겨주었다.

그는 당시에 서해안 작은 섬인 거여도 분교에서 어린 영혼들과 어울리면서 교육하는 교사였다. 거리가 멀었지만 자주 충남아동문학회 모임에 참석했고, 특히 여름에 1박2일로 하는 세미나에 꼭 참석해 토론에도 참여했다. 더러는 소주를 같이 하면서 여흥을 즐기기도 했지만 그의 주량은 그리 많지 않았다.

그 무렵에 필자는 변상호 작가의 동극 작품에 꽤 관심이 있었다.

왜냐하면 당시만 해도 초등학교 학습발표회의 끝 프로그램으로 휘날레를 장식하는 것이 바로 연극이었다. 스스로 심청전 등을 극본으로 만들어 무대에 올리기도 했지만, 자주 변상호 작가에게 자문을 구했던 기억이 지금도 아스라이 떠오른다.

2. 교사로서의 삶과 굴곡진 애환을 담은 뒷모습

변상호 작가는 평생을 초등학교 교사로서 어린이를 가르쳤던 참스승이었다. 그러나 그의 교사로서의 삶은 순탄하지만은 않았다. 물론 그의 유년시절은 행복했다. 일제 저항기에 태어난 변상호 작가가 유년 시절을 살면서 첫 교육인 보통교육(지금의 초등학교)을 받았던 시절은 참으로 유복했다. 그 무렵 중학교 진학률은 아주 미미했었다. 많은 이들이 초등학교도 못나와 문맹자로 일생을 보냈던 시절이었다.

1937년생인 변상호 작가는 그 어려운 시절인데도 부모님의 따뜻한 보살핌을 받으며 정상적인 교육을 받았다. 그는 그 당시에 우수한 머리를 가진 천재들만 모여든다는 사범학교에서 수학한 실력있는 청소년이었다. 마침내 사범학교 과정을 이수하면서 졸업했고, 초등학교 교사로서의 첫발을 내딛은 것은 약관의 나이 만 19세였었다. 변상호 작가가 어린이의 꿈과 희망을 가꾸어주면서 우리나라 초등보통교육의 한축을 맡아 성실하게 교육자로서의 삶을 살 수 있었다는 사실만으로 행복한 사람이었다.

변상호 작가는 작가이기 이전에 일선 교단에서 교수 · 학습방법개선을 위해 노력한 참스승이었다. 그를 아는 지인들이 지금도 입을 모아 칭송을 받는 것만으로 행복한 사람이다. 그 중에서도 국어 교육에 힘을 쓴 그는 학교신문 발간을 위해 등사판을 밀어 제작해서 교내 어린이에게는 물론 이웃학교 그리고 전국 초등학교 교사들과 협의체를 만들어 상호 교류했다. 또한 글쓰기에 관한 정보를 제공하고, 직접 문집 형태의 교지를 만들어 공급한 실적을 차분히 쌓아나갔다. 이렇게 교지를 제작하면서 문예교육에 힘썼고, 이웃학교 교사들과 서로 잡지를 공유하는 등의 글짓기 지도와 함께 신문을 제작하고 일반화하는데 열정을 쏟은 공로는 지금까지도 그의 자부심으로 남아 있다.

그 당시는 인쇄술이 지금 같지 못하고 아주 열악해서 일일이 줄판을 그어 등사과정을 거쳐야 하는 때라서 헌신적인 노력과 열정이 없이는 문예교육을 할 수 없는 시절이었다. 그러함에도 변상호 작가는 정성을 담아 글짓기 교육에 힘썼다. 그 뿐만 아니라 고 송근영 동시인과 함께 교가를 만들어 보급하는 등 그 시절의 추억을 교사 생활 중에 기억할 만한 성과로 꼽는다고 필자에게 여러 번 술회한 적이 있다.

1960년대 말에 초등교사가 되어 교직생활을 시작한 필자 역시 학교 현장에서 문예교육을 그런 방법으로 수행하면서 어린이 작품을 활자화한 경험을 가지고 있기 때문에 그의 노력을 이해할 수 있다. 그런 뜻에서 필자는 더욱 공감대를 가지고 변상호 작가를 존경했다.

그런 그에게 시련이 닥쳐왔다. 개인적인 사정으로 한때 교직에서 물러나야만 했다. 상당기간을 이일 저 일을 하면서 궂은일 마다하지 않고 생업을 위해 뛰어야만 하는 시련의 계절을 보낸다. 변상호 작가가 다시 서산군에 위치한 작은 섬 학교에 복직하여 교사 생활을 시작하는 과정과 건강을 잃고 어려움을 겪는 아픔을 전해 들었거나 멀리서 지켜 본 필자는 한때 그에게 연민의 정을 보낸 적도 있었다.

하지만 그런 시련의 계절을 거친 후 변상호 작가가 다시 대전에 있는 초등학교로 전입해 교사로서의 안정된 삶을 살면서 어린이 교육에 매진할 수 있게 된 것은 참으로 다행스러웠고 고마운 일이었다. 그 무렵부터 필자는 변상호 작가를 교단의 선배로, 문단의 대선배로 더욱 정중히 모셔왔고, 예를 다하면서 공경하였다.

그러나 변상호 작가는 학교인 직장에서 교감, 교장이라는 승진은 아예 생각지도 않으면서 평생을 교단 교사로서 제자들의 꿈을 가꾸는 삶을 산다. 그는 우리에게 정말 사표가 되어준 삶을 살아온 분이다. 시련이 있었기에 혼신의 힘을 경주하면서 제자들을 사랑했고, 교직자로서의 삶을 소중하게 생각하면서 참스승으로서 거듭날 수 있었던 것이 아닌가 한다.

3. 문화공보부 신인예술상에 빛나는 동극작가, 그리고 그의 문단 실적

초등학교에 근무하고 있던 1972년, 변상호 교사는 문화공보부가 공모한 신인예술상 동극부문에 동극 작품 「꽃자리 마을」로 당당히 당선이 된다. 변상호 작가는 신문, 잡지 출신이 아니고 정부가 공모한 문학 분야에서 문학에 입문한 것이다. 그는 그렇게 당당하고도 화려하게 아동문학가로서의 길을 걷는 계기를 마련한다. 변상호 작가가 등단한 그 이듬해는 마침 대전(충남)아동문학회가 창립되던 시기였다.

그 무렵은 1954년에 한국아동문학회가 창립되면서 전국적으로 지부 형태의 문학회가 형성되고 있었던 중이었다. 그리고 그와는 별도로 전국시 · 도 별로 자생되는 아동문학회가 형성되었는데 부산, 대구 등을 선두로 해 전라도 지방 등에서 아동문학회 모임이 지회가 아닌 자생적인 아동문학회 형태로 속속 창립되었는데 그런 물결을 타고 충남아동문학회도 탄생된다.

그런데 당시 충남권이라고 하지만 대전이 충청남도의 도청 소재지로서 당연히 충남아동문학회 태동의 중심 역할을 할 수밖에 없었다. 대전에서 거주하고 있는 아동문학인이 단연 우위를 차지하고 있기 때문이었다. 이 충남아동문학회는 아동문학가로서 이미 활동하고 있던 구진서, 변상호, 한상수 등이 중심이 되었고 정만영, 김홍수, 유종슬 등이 합세를 한다. 그밖에도 이 때 함께 한 창립회원으로는 앞에서 든 여섯 사람 말고도 권순화, 김환식, 김영수, 유창근, 윤용병, 이

덕영, 이서인, 조문호, 한운산 등이 참여를 한다.

이 때 변상호 동극작가는 앞에서 밝혔듯이 바로 전해 문화공보부 신인상을 탄 장래가 촉망되는 아동문학인이었기 때문에 당연히 핵심 멤버로서 중심에 설 수밖에 없었다. 그 때부터 현재에 이르기까지 변상호 작가는 대전충남지방을 지켜온 아동문학가로서 뿐만 아니라 한국아동문학 발전을 위해 헌신해왔다. 후일에 한국아동문학인협의로 적을 옮기지만 그의 아동문학 사랑은 한결같았다.

그러함에도 불구하고 그는 한상수, 구진서, 이서인, 김영수, 정만영으로 이어지는 회장으로서 중심축의 기회를 얻지는 못한다. 초등학교에서의 한 번의 실직, 건강을 유지할 수 없었던 아픔이 주원인이었다. 거기다가 천진난만하기만 한 그의 성격에 무소유를 주창하는 그만의 인성이 작용해 회장보다는 회원들과 인화하고 그저 잘 어울리는 일에만 무게치를 둔 삶 때문이었다. 그런 차원에서 그는 충남아동문학회 부회장 자리로 만족하는 겸양지덕을 발휘한다.

그 바람에 정만영에 이어 훨씬 뒤에 입회한 필자와 정영관 등이 회장의 자리를 차례로 맡아 책임을 수행하는 동안에도 늘 후배 문인들을 격려해주고 사랑하면서 자신의 역할을 충실히 했고, 회원 간의 인화 단결을 위해 희생 봉사하는 리더십만을 발휘했다.

다만 여기서 다시 안타까운 것은 그의 작품 활동이었다. 정통 희곡이 사양길을 걸으면서 희곡의 하위 장르인 라디오 극본, 텔레비전 극본, 영화 제작을 위한 시나리오 등에 밀려 연극 공연 중심의 극장 공연이 점진적으로 무너지면서 희곡 창작의 기회를 얻지 못한다. 물론 본인 자신이 창작에 온힘을 경주하는 열정을 발휘하지 못한다는 약점을 배제할 수는 없었지만, 동화나 동시에 비해 사양길을 가고 있는 동극을 주 장르로 택했다는 것도 그가 작품을 과작할 수밖에 없었던 이유 중의 하나였다. 그러는 바람에 그는 지금까지도 개인 저서를 갖고 있지 못했다. 공저인 동극집『잉어마을』,『어린이공화국』글쓰기 지도 입문서인『글짓기 교실』이 있을 뿐이다.

그런 중에 데뷔작품인「꽃자리 마을」이외에도 동극 작품을 선뵈었고, 그 극본을 학교 학습발표회 때 무대에 올리기도 했는데 그 중한 작품이 동극「갈 수 없는 나라」이다. 현대 도시의 어느 학교에서 벌어지는 아이들의 이야기가 대립과 갈등을 만들어가며 펼쳐지고 있는 스토리인데 매우 감동적이다. 그밖에도 도합 4장으로 구성되어있는「행복한 우리들」도 여러 가지 이유로 창작 면에서는 아쉬움을 보인 약점이 있음을 인정할 수밖에 없다. 그러나 변상호 작가는 평소 작품 창작활동의 부진함에 비해 문단의 공헌도는 매우 높다. 회원과의 화합과 함께 존재감을 뚜렷이 하는 길을 걸어온 것이다. 대전충남아동문학 활동은 물론 광역단체의 문인들 모임인 한국문협 충남지회에서 그리고 그 이후 대전이 광역시로 승격한 후에도 한국문협 대전지회의 희곡분과 이사로서 역할을 담당해온 것은 우연이 아니었다. 한국문협 대전지회장이 수차례 바뀌어도 변상호 작가의 희곡분과 이사 자리는 더욱 공고해지고 단단해지는 양상을 보인 것이다.

이는 변상호 작가가 그만큼 인간관계가 원만하고 사심이 없어 누구에게나 영입될 수 있었다는 반증이다. 선거를 중심으로 하여 조금은 대립과 갈등의 양상을 보이고 있는 데도 불구하고 변상호는 언제나 같은 자세, 같은 모습으로 문인들과 교류하고 어필하지도 않으면서 겸손하게 살아온 작가였다.

4. 충청지방의 방정환으로 통하다

대전 · 충남지방의 아동문학 문단의 제1세대로 활약해온 변상호 작가의 예술문화 발전에 기여한 공적은 매우 크고 광폭이다. 그는 대전문화예술단장으로서 충청매일신문(2008. 4. 21)의 인터뷰를 통해서 '이웃돕기 · 문화운동 등을 통해 아름다운 대전 만들기 추진에 앞장서고, 예술과 과학을 접목시켜 대전을 과학예술도시로 만드는 것이 나의 꿈'이라고 밝히고 있는 작가였다.

그는 한때 문인협회 풍물단, 금빛봉사단, 풍물단, 댄스스포츠 풍물단 등과 함께 연합을 해 대전문화예술단을 만들어 공연을 하는 책임자 역할을 맡아 역동적인 활동을 하기도 한다. 이렇게 변상호 작가는 글 쓰는 일에만 안주하고 있지 않으면서 일생을 보내온 사람이었다. 특히 그는 문화 불모지 대전이라는 도시에서 문학과 예술을 싹 틔우고, 더 발달시키고 싶어하는 사람이었다.

그 뿐만이 아니다. 순수한 동극으로 어린 꿈을 이루는 산실을 만들기 위해 〈동극의 활성화 방향〉(대전일보 제10485호)을 제시하기도 한다. 또한 〈80년대 동극의 문제점과 해결 방안〉이란 논문(1980. 8. 11 제9549호)을 통해 동극의 부활을 위해서는 교실극이 활성화되어야 한다고 주장하고 있다. 또한 〈문화 씨 뿌려 행복을 거둬요〉라는 케치프레이즈를 걸어놓고 노년에 접어드는 지금도 문화 활동을 왕성하게 하고 있는 것은 문우들에게 귀감이 되고 있다. 그밖에도 그는 각종 지면을 통해 〈연극 공연과 어린이 · 청소년 정서〉에 관한 글, 〈대전 평생학습도시 만드는 길〉이라는 주제 등을 통해 대전 평생학습 프로그램 개발과 국민, 문화, 교육 운동을 펼칠 것도 주장하고 있다. 뿐만 아니라 실제로 그 역할을 담당하는데 앞장 서왔다.

그러한 그의 문학 및 문화 활동은 나이를 먹을수록 더욱 강화되는 일면을 보이고 있다. 이러한 예술문화 활동을 현실화하기 위해서는 여생을 〈봉사하는 삶이 있어 더 아름다운 황혼〉(충청매일 2003. 1. 13)을 살아야 한다고 주장하면서 그 면면을 소개하고 있는 걸로만 봐도 그는 여전히 젊고 열정적인 삶을 살고 있는 사람이다. 퇴직 원로들이 모여 아이에서 노인에 이르기까지 소외된 계층을 위해 문화 · 예술로서 봉사를 하는 모습을 지금 현재까지도 보여주고 있는 것이다. 그 중심에 서서 당당히 역할을 수행하고 있는 사람이 바로 변상호 작가라는 것을 다시 밝히는 바이다. 대전문화예술단을 창단해 단장으로서 왕성한 활동을 하는 그 중심에 서고 있는 것만 봐도 증명이 된다. 그는 환경보호 활동에도 열심이었는데, 매번 그 행사의 중심에 서거나 환경글짓기 대회 등에서도 심사위원으로서 활동했고, 또 대전문협 행사에도 개근을 하는 등의 열정을 바라보며 그저 변상호 작가가 존경스럽기만 하다.

이러한 활동에 열중하고 있는 변상호 작가는 마치 일제 저항기에 국민계몽과 함께 어린이 교육을 위해 펼쳤던 방정환 선생의 문화적 활동을 연상하게 한다. 그래서 사람들은 그를 모두가 입을 모아 '대전의 방정환'이라고 지칭하기도 한다. 이는 적당한 비교이면서도 그만큼 그의 활동이 역동적이라는 것을 나타내주는 반증이 아닌가 한다.

그동안 그의 활동을 다시 한 번 돌아보면 대전문화예술단 단장을 비롯한 한국아동문학인협회 회원, 한국문협 대전시지회 이사, 중도문학 고문, 한국공무원문학회 이사, 대전문인총연합회 회원, 국제과학예술 포럼 이사, 늘푸른예술단 단장. 〈대전 개도 100주년 포럼〉 추진위원장, KTX 서대전역 경유 시민운동 공동대표 등의 역할이 돋보인다 하겠다. 변상호는 그런 역할을 역임했거나 현재도 그 직함을 유지하면서 활동하고 있다.

그러한 공로로 그는 대전문화발전공로상, 중구문화상, 대전문학공로상, 한인현 글짓기 지도상을 수상한 바 있지만, 그러나 변상호 작가는 상에 연연하는 사람이 아니었다. 그저 사람이 좋고, 예술이 좋고, 문학이 좋아 신명나게 일하면서 봉사하는 삶을 살아온 사람이다. 그보다 더 중요한 것은 그가 일생을 소년의 모습으로 동심을 간직하며 살아왔다는 것이 더 훌륭하다.

그러한 그에게 또 한 번의 시련이 온다. 바로 건강 악화이다. 중병으로 사경을 헤매는 등 어려움을 겪는다. 한 때는 문단 생활이나 사회적 활동을 하지 못 할 만큼 병세가 중해져 주위 사람들을 안타깝게도 했었다.

그는 젊은 시절에도 한 때 교단을 지킬 수 없을 만큼의 우여곡절을 겪으면서 삶의 애환을 그대로 적나라하게 보여주었던 시절이 있었던 작가였다. 그러나 그는 건강을 회복하고 다시 우뚝 설 수 있었다. 그런 마음으로 한동안의 방황과 생활고를 딛고 서산 앞바다에 위치한 외로운 섬에서 학생들을 가르치면서 삶의 이정표를 다시 세우고 스승으로서의 자세도 가다듬은 것이다. 건강도 완전히 회복할 수 있었다. 그랬던 그에게 찾아온 병마는 중년의 고비를 넘기지 못하고 그대로 쓰러질 수도 있다는 위기감과 걱정을 주위 사람들에게 주었다.

그랬던 그가 다시 우뚝 섰다. 건강도 되찾았다. 사람들은 모두 그의 병세가 좋아지고 삶의 활력소를 되찾은 사실에 대해 기적이라고 했다. 그러나 필자가 보기에는 그의 낙천적인 삶과 함께 절제, 게다가 무소유로 일관하는 의연한 자세가 병마를 이기게 했다고 본다.

그 무렵부터 그는 더욱 욕심을 버리는 삶을 살았다. 그리고는 오로지 자신의 건강만을 추구했다. 무리하지 않는 트레킹을 하면서 달리듯이 쫓기는 삶에서 완전히 벗어나 산책과 함께 가벼운 워킹을 하는 걸 일상으로 삼았다. 그리고 새벽마다 자신이 거주하고 있는 석교동 문창초등학교에 나가 에어로빅으로 하루를 열었다. 그 뿐만이 아니었다. 노래교실을 찾아 신나는 노래와 율동으로 자신의 삶을 즐겼다. 병마로 입원해 있는 동안을 제외하고는 조금쯤 몸이 아플 때도 운동을 절대로 거르지 않았다.

그는 그러한 생활패턴으로 삶의 방향을 바꾸면서 벌써 이십년도 훨씬 넘는 동안 한결같이 건강을 지켜왔다. 더러는 건강문제로 절필을 할 만큼 창작 활동을 멈추기도 했지만 사람과의 만남은 더욱 왕성하게 하면서 문화적인 인물로 거듭난 것이다.

5. 노년이 행복한 변상호 작가

지금 팔순을 넘긴 변상호 작가는 행복하다. 현재도 에어로빅댄스를 하고 있고, 노래교실에 나가서 즐겁게 노래한다. 그런 중에도 한국문협 대전지회 희곡분과 이사의 소임을 다하고 있다. 또한 필자가 현재 대전시민대학에서 개설하고 있는 '나도 오늘부터 아동문학가' 강좌에 참여해 아동문학의 창작과 이론을 공부한다. 또한 안현심 시인이 개설한 '시로 찾아 가는 행복한 삶' 강좌에 나가 시 공부도 하고 있다.

현재, 8월에는 대전문학관이 선정한 2017년 아카이빙 사업에서 원로문인으로 선정되어 CBS 방송 〈문학의 향기〉에 출연하고 있어 TV를 통해 만날 수 있는 중이기도 하다. 그런저런 활동으로 마냥 즐겁기만 하고 행복한 삶을 만끽하고 있는 이가 변상호 작가이다.

그러나 이러한 활동보다 변상호 작가를 더욱 행복하게 하는 것은 그의 건강 상태가 엄청나게 좋아졌다는 사실이다. 언제 그런 사경을 헤매는 큰 병을 앓았던 적이 있었느냐 할 만큼의 얼굴 혈색과 동안을 유지한 채 현재도 대전의 문화 행사장 이곳저곳을 넘나들고 있다.

특히 아동문학 행사나 한국문협 대전지회 이사회 그리고 대전문인총연합회 행사 등에 빠지지 않고 참여를 하면서 노익장을 과시하고 있다. 그는 후진들과 동고동락하면서 문학도 이야기하고 건강 비법도 전하면서 활기차게 하루하루를 보내고 있다. 그에게 박수를 보낸다.

역시 그는 만인이 지칭하는 대로 영원한 소년이고, 젊은 동극작가이다. 필자는 앞으로도 변상호, 그를 그렇게 부르고 싶다. 그리고 1982년 처음 그를 만났을 그때처럼 변상호 작가를 존경하면서 따르고 싶다.

행복의 여백

변상호 수상집

발 행 일 | 2018년 1월 31일
지 은 이 | 변상호
발 행 인 | 李憲錫
발 행 처 | 오늘의문학사
출판등록 | 제55호(1993년 6월 23일)
주 소 | 대전광역시 동구 대전로867번길 52(한밭오피스텔 401호)
전화번호 | (042) 624-2980
팩시밀리 | (042) 628-2983
전자우편 | hs2980@hanmail.net
카 페 | cafe.daum.net/gljang(문학사랑 글짱들)
| cafe.daum.net/art-i-ma(아트매거진)

공 급 처 | 한국출판협동조합
주문전화 | (070)7119-1752
팩시밀리 | (031)944-8234~6

ISBN 978-89-5669-894-6
값 15,000원

* 이 책은 교보문고에서 eBook(전자책)으로 제작하여 판매합니다.
* 잘못 제작된 책은 바꾸어 드립니다.
* 이 책은 대전문화재단 과 대전광역시 에서 사업비 일부를 지원 발간되었습니다.